广东省基础教育教研基地项目初中体育与健康学科教研基地（韶关市）阶段性研究成果

初中体育与健康教研基地建设之路

黄春神 / 编著

中国文联出版社

图书在版编目（CIP）数据

初中体育与健康教研基地建设之路 / 黄春神编著
. — 北京：中国文联出版社, 2024.2
ISBN 978-7-5190-5441-0

Ⅰ. ①初… Ⅱ. ①黄… Ⅲ. ①体育课—教育研究—初中②健康教育—教学研究—初中 Ⅳ. ①G633.962

中国国家版本馆CIP数据核字（2024）第039560号

编　　著　黄春神
责任编辑　王　萌
责任校对　秀点校对
装帧设计　刘贝贝　李　娜

出版发行　中国文联出版社有限公司
社　　址　北京市朝阳区农展馆南里10号　　邮编　100125
电　　话　010-85923025（发行部）　010-85923091（总编室）
经　　销　全国新华书店等
印　　刷　北京四海锦诚印刷技术有限公司

开　　本　710毫米×1000毫米　　1/16
印　　张　15.75
字　　数　268千字
版　　次　2024年2月第1版第1次印刷
定　　价　58.00元

前 言

初中体育与健康教研基地建设实践

一、背景

（一）国家层面

中共中央、国务院印发的《深化新时代教育评价改革总体方案》（中发〔2020〕19号）中重点任务的第16条为："强化体育评价。建立日常参与、体质监测和专项运动技能测试相结合的考查机制，将达到国家学生体质健康标准要求作为教育教学考核的重要内容，引导学生养成良好锻炼习惯和健康生活方式，锤炼坚强意志，培养合作精神。中小学校要客观记录学生日常体育参与情况和体质健康监测结果，定期向家长反馈。改进中考体育测试内容、方式和计分办法，形成激励学生加强体育锻炼的有效机制。加强大学生体育评价，探索在高等教育所有阶段开设体育课程。"

（二）广东省层面

为贯彻落实广东省委、省政府关于全面深化新时代教师队伍建设改革和教育教学改革有关部署要求，落实立德树人根本任务，充分发挥教研工作对保障基础教育质量的重要支撑作用，推动基础教育高质量发展，决定组织开展广东省基础教育教研基地。根据《广东省教育厅关于公布2021年广东省基础教育教研基地项目名单的通知》，2021年广东省基础教育教研基地项目共评定教研基地145个，包括学科教研基地89个（体育与健康学科教研基地5个）、校（园）本教研基地30个、县（市、区）教研基地26个。

（三）韶关市层面

韶关市教育科学研究院收到通知后，院领导高度重视，召开专题会议研究部署，要求各学科教研员积极组织申报学科教研基地，县（市、区）教师发展中心积极组织申报县（市、区）教研基地、校（园）本教研基地。

经过遴选，2021年韶关市共有10个学科教研基地申报成功，包括小学英语、小学信息技术、初中数学、初中化学、初中生物、初中历史、初中体育与健康、高中音乐、高中英语、特殊教育。广东省基础教育教研基地项目初中体育与健康学科教研基地由韶关市教育科学研究院体育教研员黄春神主持。成员由沈长春、曾艳平、马敬华、邓葵次、谢国剑、雷龙、袁盛、李睿、邓云霞、赖海球、董奇斌、杨毅强、李志云、余卫平、刘智强共15人组成。基地学校共9所：广东韶关实验中学、韶关市第十三中学、韶关市第十四中学、曲江区初级中学、乐昌市第三中学、南雄市实验中学、仁化县实验学校、翁源县龙仙中学、新丰县第三中学。

二、意义

基础教育教研基地项目是落实立德树人根本任务，推进基础教育高质量发展，贯彻全面深化新时代教师队伍建设改革和教育教学改革有关部署的重要举措。各地通过基础教育教研基地项目建设，加大投入，配强人员，加强管理，充分发挥教研基地在全省教育教学改革中的示范、引领和辐射作用；通过基础教育教研基地建设，在深化教研机制创新、推动教研体系建设、推进课程教学改革和育人方式变革、整体提升基础教育质量等方面发挥示范带动作用，为办好人民满意的教育做出应有的贡献。三年来，开展了一系列的教研活动，在全体成员的共同努力下，本教研基地取得了一定的成效，把基地建设理念、建设经过、建设经验、建设案例、建设成果等整合在一起，形成《初中体育与健康教研基地建设之路》一书，希望能为广大中小学体育教研员、体育教师提供借鉴与参考。

黄春神

2023年8月

目 录

第一章

基地建设策划

第一节　基地建设实施策略

一、教研基地相关概念界定

基地是研训教师工作的重要载体，是高质量开展教学研究和实验、培训的重要保障，对于推动区域教师教育发展具有重要的实践意义。为了有效开展基础教育教学研究和教师培训工作，很多教研机构和研训教师在中小学校建立了工作基地。这种建立在基层学校的基地不仅是教研机构、研训教师联系和服务基层的纽带，更是他们深入开展工作的载体，对于推动区域教师教育发展具有重要的实践意义。

学校学科教研基地是在学科教研员的指导下，由学科首席教师牵头，本学科教师共同参与，以加强学校学科建设为目标，聚焦学科的课程规划、课堂教学、学业评价、教学资源和队伍建设中的关键问题开展研究和实践，整体提升教研组学科育人能力的校级教研组织。

地市学科教研基地是在省学科教研员的指导及市级教育行政部门组织领导下，由市教研员为负责人，县区教研员及体育骨干教师为成员和具有一定体育特色的基地学校为依托。以加强全市学科建设为目标，全面深化新时代教师队伍建设，全面提高教研员、教师教研能力和教学水平，打造基地特色，在省中小学校发挥示范引领作用，进行课程资源开发、教学方法研究，组织开展学科教师校本研修，辐射全市本学科教学的优质教学资源共享、教改信息互通、研究成果分享，整体提高学科教学质量的一种市域范围内实施“大校本研修”的载体。

名师工作室：“名师”是组成“名师工作室”的前提，“名师”是出名的教师，是为教育事业做出重大贡献、声望高的教师，具有精湛的工作能力、较高的社会声望、人文素养、专业素养、理论素养；具有较强的教学技能、科研精神、团队精神。名师工作室是一个以课题研究、学术研讨、理论学习、名师论坛、现场指导等形式，对内凝聚、带动，对外辐射、示范、引领教学改革，促进教师专业化成长的团队组织。

课题：首先，课题就是一个问题，是教师在一段时间内需要关注、澄清和解决的一个真实存在的教育教学问题。课题研究的目的就是在解决问题的过程中，分析问题的本质和存在的根源，寻求问题解决的路径，总结有益的经验，记录教师在问题解决过程中的些许感悟和心得。其次，课题就是一个愿景，是教师在先进的教育理念、教育价值观、教育理想的驱使下，对所向往的未来教育教学的憧憬和勾画，是教师在一段时间内需努力构建和打造的一个工程。最后，课题就是一个主题，教师经常反思，经常会用教育叙事、教育案例、教育日期、教学札记、教育论文、教育随笔等林林总总的形式，记录教师在教育实践中的点滴思考，但往往比较凌乱、随意，而课题为这些研究提供在一段时间内相对集中的主题，有了贯穿的线索，使教师的这些研究主题集中，方向明确，目标清晰。

教研基地与课题的区别和联系。课题是一个问题、一个愿景、一个主题，是课题主持人在教育教学过程中想要解决的一个教育教学问题。课题实施步骤通常是课题申报—课题立项—课题开题—课题实施—课题结题。课题人员是由一个课题主持人加若干个课题成员组成，成员一般不超过6人，是一个小团体。课题是一个点，而教研基地是一个面，围绕1—2个研究方向重点去打造。基地是由一个负责人，带领若干个基地成员组成，成员一般不超过20人，由各县教研员、体育骨干教师组成，是一个大团体。

基地与名师工作室的联系和区别。基地与名师工作室的联系，它们都是一个团队组织。基地与名师工作室的区别，名师工作室不能换主持人，基地可以换负责人，如果名师工作室主持人退休或调换单位，则该名师工作室也就没有存在的意义了。有“师”即有“徒”，名师的主要功能是培养徒弟，培养年轻教师，让青年教师在教育教学研究中不断成长，发挥示范引领作用。名师工作室主要是培养青年教师成长为精英教师、骨干教师；教研基地面向的是本区域的全体教师，走大众化、平民化路线，教研基地主要是开展教学研究，是为某一单位、区域服务的。

二、教研基地建设内涵分析

本教研基地着重从体育与健康课外作业的组织与实施，课程资源的开发与利用两个方面进行建设。通过基地建设更新教学观念、优化教学内容、创新教学过程、完善教学评价，从而打造阳光体育大课间活动，提高体育师资水平，完善场地器材，提高教学质量，促进学生身心健康全面发展。

三、教研基地建设的要求和目的

（一）教研基地建设的总体要求

坚持以习近平新时代中国特色社会主义思想为指导，全面贯彻党的教育方针，落实立德树人根本任务，遵循教育规律，树立科学的教育质量观，为构建“德、智、体、美、劳”全面培养的教育体系提供专业支撑。教研基地建设主动服务于学校教育教学、教师专业成长、学生全面发展和教育管理决策，在引领学校课程教学改革，提高教师教书育人能力，提升学生综合素质和提高教育决策科学化水平方面发挥示范、引领和辐射作用。

（二）教研基地建设的主要目的

深化教研机制改革创新，推动教研体系建设，聚力研究和解决基础教育高质量发展的重点难点问题，推进课程教学改革和育人方式变革，促进高素质专业化创新型教研队伍和教师队伍建设，为基础教育高质量发展提供强有力的专业支撑。

四、教研基地建设作用意义

（一）理论意义

1. 有利于落实立德树人根本任务

全面深化新时代教师队伍建设改革和教育教学改革，落实立德树人根本任务，发挥教研工作对保障基础教育质量的重要支撑作用，推动基础教育高质量发展。体育教研作为我国学校体育教育事业的重要组成部分，是落实学校体育课程标准和体育新课程落地转化的重要方式与桥梁。教研基地建设主动服务于学校教育教学、教师专业成长、学生全面发展和教育管理决策，在引领学校课程教学改革，提高教师教书育人能力，提升学生综合素质和提高教育决策科学化水平方面发挥示范、引领和辐射作用。

2. 有利于提高区域教研水平

教研基地作为教师锻炼的平台、展现自我的平台、交流的平台、学习提高的平台、产出成果的平台、圆梦的平台，把市体育与健康学科各项教研活动纳入基地建设平台中，通过开展教学示范课、教学展示课、市级公开课、组织教学视导、课题研讨、论文评比活动，举办全市青年教师教学能力大赛、全市中小学体育教师教学技能大赛，体育与健康教师培训，将有利于提高区域教研水平。

3. 有利于提高体育与健康学科教学质量

教研基地不断改进教学方式，引导学生自主、合作、探究学习，实现学生高效学习，促进教师专业成长，推动义务教育阶段学校优质均衡发展和普通高中学校特色发展，将进一步引领师生不断学习、研究、解决学科课程实践中的新问题。尝试新实践、新实验、新创新，促进师生共同发展，促进体育与健康学科教学质量的提高。

（二）实践意义

1. 有利于发展体育教研员和体育教师核心素养

韶关地处粤北山区，经济落后。有些县（市、区）级体育教研员和体育教师思想观念落后，不知道如何去开展教研活动。尤其是一些年龄在55岁左右的体育教研员和体育教师，缺乏创新动力，守着旧观念，不想创新、不愿改变现状，甚至不愿意去组织参加教研活动，不认真开展教学工作。学科教研基地建设，促进体育教研员、体育教师不断自我发展，不断学习，潜心研究。

2. 有利于打造学校体育品牌特色

教研基地建设将引导学校把工作重点集中到强化学科建设、转变学生学习方式、提升教师教学质量上来，切实减轻学生过重的学业负担。纠正重课内轻课外、重知识轻能力、重书本轻实践的现象，以实验性、实践性、体验性、研究性等多样化、个性化的学习，激发学生学习兴趣，发展学生实践潜能和创造潜能，形成学生发展的潜能优势，为学生的全面发展和个性化成长奠定基础，有利于打造学校体育品牌特色。

3. 有利于提高学生体质健康水平

通过基地建设，优化课外体育作业，开展有地方历史文化传承的特色体育项目，开展丰富多彩的教研活动，培养学生体育锻炼兴趣，提高体育与健康教师的教学能力、课堂教学质量、学生体质健康水平，促进学生身心健康，培养德智体美劳全面发展的社会主义接班人。

五、教研基地建设方法和手段

（一）建设方法

1. 总体设计，分层推进

韶关市各学科教研基地是在韶关市教育科学研究院统一领导、统一管理、统一推进下进行建设的。为加强组织领导，韶关市教育科学研究院成立教研基地领导机构，院长为基地第一责任人。韶关市教育科学研究院总体设计建设框架，并对其进行整体规划，各学科教研基地根据学科特点分层推进。

2. 分工明确，强化落实

根据学科教研基地建设目标，制订基地建设实施方案。主持人、基地成员、基地学校，明确分工，各司其职。列出阶段性计划安排表，根据计划有序开展，安排专人负责跟进基地建设进度，加强对各项工作的落实，强化研究效果。

3. 强化督导，认真反思

基地建设全程接受广东省教研院的指导和监督，每年向广东省教研院报送建设进度及所取得的成绩，并开展中期评审验收、全省评分排名。2022年中期评审验收，韶关市初中体育与健康学科教研基地在全省145个教研基地中排第39名，取得了较好的工作成效。韶关市教育科学研究院分管副院长负责跟踪各学科教研基地建设，经常过问了解、督导检查建设情况，及时解决建设过程中出现的问题。基地负责人组织成员到基地学校进行指导，对照评价指标，有针对性地开展教研活动，发现问题，认真反思，及时整改。

（二）建设手段

1. 以课题研究为抓手，建设特色教研基地

基地建设应以省级课题为引领、市级课题为榜样、县（区）级和校级课题为基础，狠抓课题研究，深化教学实践。通过课题进行课程改革实践和学科教学研究，优化课程实施，打造高效课堂，提高教学实效性，培养教师专业素养、提升教师科研能力。

2. 以基地学校品牌建设为抓手，打造特色基地学校

基地建设应以基地学校“一校一品”“一校多品”建设为抓手，依托地

区和学校自身优势，投入资源建设一个或多个重点体育运动项目，实现体育教学水平的提高。发挥基地学校在校内与校际间的示范引领作用，以点带面，在课程建设、教学改革等关键领域进行积极探索与实践，逐步形成具有自身特色的初中体育与健康教研基地。例如乐昌市第三中学，着力打造校园足球品牌特色，是全国青少年校园足球特色学校，形成了一个全体学生都知、都会的品牌运动项目，校园足球文化氛围浓厚，足球大课间特色突出，参加足球竞赛的成绩优异，在韶关市有较大的影响力，充分发挥了基地学校的示范引领作用。

3. 以名师工作室为抓手，辐射引领青年教师

2021年，基地成员沈长春老师成立广东省名师工作室，带领12名优秀青年教师认真开展教学教研活动；2020年，基地成员曾艳平老师成立了武江区中学体育名师工作室；2020年，基地成员邓云霞老师成立了武江区小学体育名师工作室。基地建设应以省、市、区、县名师工作室为标杆，辐射引领青年教师，促进韶关市年轻教师快速成长。2023年，基地成员赖海球成立了浈江区体育与健康名师工作室，带领浈江区体育教师积极开展教学教研活动。

4. 以教研实践活动为抓手，提高教师教研能力

在基地建设过程中，通过开展形式多样、内容丰富多彩的教研活动，如定期开展课题研究、论文评比、公开课、示范课、教学展示、送教下乡、专家讲座、基地培训、参观交流等活动，提高教师教研能力。例如，2022年，基地成员袁盛、邓葵次参加广东省第十三届中学生运动会（广东省第五届）中小学体育教师教学技能大赛，获团体总分全省第一名。主持人黄春神，基地成员曾艳平、谢国剑、马敬华作为指导教师荣获优秀指导教师称号。

六、教研基地建设步骤

（一）健全工作机制

由市教研院牵头，成立了韶关市教育科学研究院教研基地领导小组，院长为基地第一责任人，统筹基地学校和团队成员，建立健全项目推进工作机制，明确工作内容、协调方式、教研模式、激励举措，提高推进效率。制定了《体育与健康基地管理办法》，完善教研基地制度建设，规范学科教研基地管理，发挥基地作为韶关市体育与健康学科教学研究的辐射作用。

（二）制定明确的教研基地建设目标

制定总体目标：

通过专家引领、课题研究、教改实验、教师培训、基地交流等研训方式，充分发挥学科基地的实验、示范、辐射和引领作用，形成健康、优良的学科教研文化，促进基地学校内涵发展，进而全面提高韶关市教育教学研究和课堂教学质量，为广东省体育教学起示范作用。

制定阶段性目标：

第一阶段：从申报时间开始到2021年7月，开展基地学校调研，了解基地学校实际情况，做好“初中体育与健康学科教研基地实施方案”论证，明确研究内容，明确成员分工，制订阶段性实施计划及目标达成计划。

第二阶段：到2022年年底，即基地建设中期，根据总体目标及阶段性目标积极开展基地建设活动，及时收集整理活动资料，经常召开总结、反馈会议，查漏补缺，做好中期验收工作。

第三阶段：到2023年年底，即基地建设末期，要完成一本编著，公开发表两篇基地相关论文，形成基地研究报告、编辑课外作业优秀案例、编辑课外作业指南与范例，充分做好终期验收前的各项准备工作。

（三）明确人员组成与分工

组建一支精干的教研团队，是基地建设成功的关键。因此在遴选基地成员时要充分考虑每一个成员的特长、性格、干事能力、干活态度、团队意识、参加活动积极性，要充分考虑每一个人在基地建设中的作用，发挥每一个人的积极性和潜能。遴选成员主要考虑以下三个方面：

（1）既要有年老的、有经验的、有威望的教师，又要有年轻的、好学的、肯干的教师。年老教师善于管理团队，凝心聚力，起示范引领作用。年轻教师有朝气、有活力，干活积极，基地开展送教、示范课，参加教学竞赛需要年轻教师参加，这也是基地培养青年教师的需要。例如在本基地15名成员当中，50岁以上的教师有7人，40—50岁的教师有4人，40岁以下的教师有4人。

（2）既要有教研员，又要有骨干教师。县（市、区）教研员是当地的体育教育领头羊，有影响力、有号召力、组织管理能力强。但教研员事情繁多，年龄较大，精力有限，很多工作没法亲力亲为，有些具体的、烦琐的工作都是交由当地骨干教师帮忙完成。例如在本基地15名成员当中，县（市、区）教研员有8人，骨干教师有7人。

（3）既要有高学历、研究型、能写材料的教师，又要有实践型、善于联络沟通的教师。基地建设方案、计划、总结、论文、专著、宣传报道等都要由高学历、研究型、能写材料的教师负责。基地开展活动布置场地、联络沟通、拍照、收集材料等工作，需要由实践型、善于联络沟通的教师负责。例如在本基地15名成员当中，硕士研究生学历的有3人，本科学历的有11人，专科学历的有1人；正高级教师职称的有1人，高级教师职称的有6人，一级教师职称的有8人。

（四）遴选基地学校

基地学校的遴选，至关重要，它是取得基地建设成功的前提。遴选的主要依据：

一是基地学校校长对体育工作要足够重视，对体育立德树人功能的理解要深刻，对学校体育品牌特色建设要大力支持，对学生体质健康水平要足够关心。

二是基地学校体育科组长、体育教师，要积极、热心地投入基地研究活动当中，并且要积极进取、相互配合、齐心协力。

三是学校体育文化底蕴好、有特色，体育锻炼氛围浓厚，在当地具有一定的知名度、影响力、引领示范作用好。

本基地遴选了9所基地学校，分别来自9个县（市、区），辐射面较广，影响力较大。如广东韶关实验中学是韶关市最大的一所市属民办学校，全校学生有7000人；乐昌市第三中学、仁化县实验学校是全国校园足球特色学校，学校的足球项目普及，且开展得很有特色；曲江区初级中学、韶关市第十四中学、翁源县龙仙中学田径项目开展得很好；新丰县第三中学大课间活动开展得有声有色，尤其是啦啦操、跳绳等项目；南雄市实验中学民族传统体育特色鲜明，如舞龙舞狮、竹竿舞等特色项目；韶关市第十三中学的毽球项目，一直是韶关市的引领者。这些学校在当地县（市、区），甚至在韶关市都有一定知名度，各校校领导都很重视，也很支持基地建设。

（五）确定基地建设内容

1. 课外体育作业组织与实施

由9所基地学校先行实验，制订课外体育作业实施方案，设计课外作业登记卡。具体实施措施：优化课外作业布置形式，如利用学校公众号、微信群、校讯通、课后服务平台、课外作业APP等现代互联网技术来布置作业；设计作业评价方式及评价标准，跟踪学生锻炼效果，反馈给学生、家长、学校以及社会，从而达到家校共建目的。优化和丰富体育课后作业的广泛推广，有效支持结果评价、过程评价、增值评价以及综合评价。

2. 课程资源开发与利用

课程资源开发应从体育核心素养高度和体育课程一体化思路出发，注重学科融合与课程思政，把握学情，因材施教。充分利用地域资源进行基地建设，以基地学校特色项目为指导，开发学校特色校本教材、特色项目场地、特色项目体育运动器材、特色项目教学视频、特色项目教学设计和教案等。校本教材要体现“一切为了每一位学生的发展”的教育理念，切合本校实际，融合学校体育品牌发展方向。所选内容要适合本校特色，满足学生需求，让学生感兴趣、能接受、易学习，要体现系统性、科学性，做到因地制宜、循序渐进。

课程资源的开发与利用包括六个方面：一是人力资源的开发与利用；二是体育设施资源的开发与利用；三是课程内容资源的开发与利用；四是课外和校外资源的开发与利用；五是自然地理环境资源的开发与利用；六是体育与健康信息资源的开发与利用。

（六）构建基地建设路径

1. 开展基地调研

为贯彻落实全面深化新时代教师队伍建设改革和教育教学改革有关部署，扎实推进广东省基础教育教研基地建设，深入了解韶关市初中体育与健康教研基地学校建设情况，2022年9月13—15日，基地全体人员到乐昌市第三中学、南雄市实验中学、仁化县实验学校开展基地调研活动，其间邀请广东省教育研究院体育教研员肖建忠作《新时代体育与健康课堂教学的基本要求及学生体质提升路径》专题讲座。2022年12月18—21日，基地全体人员到新丰县第三中学、翁源县龙仙中学开展基地调研活动，并邀请东莞市正高级体育教师骆云进行《体育与健康课程开发与利用》主题讲座，韶关学院体育学院胡永红教授进行《提升体育与健康教师职业素养》主题讲座。

图1-1-1

2. 开展课题研究

以省级课题为引领、市级课题为重点、县（区）级课题为抓手，紧紧围绕特色教研基地建设开展课题研究。在研究过程中，课题组定期开展课题研究交流、汇报、教学展示、送教下乡、专家讲座、参观学习等活动，以提高教师教研能力。基地成员有10项省、市级课题立项或结题。如基地负责人黄春神2020年主持开展了广东省青少年校园足球专项课题“山区学校校园足球课后作业实践研究”并顺利结题，对校园足球课后作业布置面临的问题进行了探讨，提出了建设性意见。实验学校校园足球的课后作业开展进度有了较大的提升，校园足球氛围更加浓厚，学生、教师参与足球运动的热情越来越高。参与足球运动的学生人数越来越多，说明本课题制定的策略是可行的，是有效的，是值得推广的。基地成员谢国剑老师主持广东省教育研究院2021年专项课题“韶关市中小学校园足球联赛存在的问题与优化路径研究”。2021年，基地成员主持或参与了4项市级课题，乳源高级中学雷龙的“粤北山区少数民族县体育教师现状与对策研究”，广东韶关实验中学邓葵次的“民办寄宿制学校初中体育与健康课后作业实践研究”，董奇斌的“传承传统文化背景下的竹竿舞在中小学大课间应用与延伸现状研究”，邓云霞的“体育课外作业提高小学高年级学生体质健康水平的实证研究”。2022年，基地成员主持或参与了2项市级课题，董奇斌的

“初中体育与健康‘学、练、赛’一体化教学课堂模式实践研究”，仁化县实验学校周建龙的“‘校内+校外’一体化初中体育课外作业设计的研究”。

图1-1-2

3. 打造名师工作室

打造名师工作室主要是为了培养优秀骨干教师，树立积极有为的教师标杆，支持优秀、骨干教师先试先行；鼓励教师开设公开课、示范课、研讨课，关注实践探索的过程，分享教学实践智慧。打造名师工作室，发挥名师效应、品牌效应，如沈长春名师工作室。

图1-1-3

4. 开展送教下乡

开展送教下乡活动主要为边远乡镇学校提供教学示范功能和专业支持，实现城乡教育资源互补，增进城乡教师的相互学习。既可以让上课教师从中得到磨炼，又可以使听课教师从中有所收获，从而实现互惠双赢。这一活动的目的在于帮助边远乡镇学校，服务边远乡镇学校，建立城乡互帮互助的教研热线，增强一线教师的教学教研意识，在边远乡镇学校掀起教学研讨的热潮。基地安排成员送教下乡，把基地研究成果、理念、思路迅速传递到韶关各地各校，充分发挥基地的示范、引领、辐射作用。如2023年5月17—19日协办广东省教育研究院走进粤东西北（韶关）教研帮扶暨校园足球送教下基层和宣讲活动；2023年3月29日，到乐昌市乐城第一小学开展了广东省基础教育教研基地项目初中体育与健康教研基地送教下基层活动暨韶关市中小学体育与健康教学观摩活动（乐昌站），基地成员袁盛老师送教了一节水平二《花样跳绳》课；2023年4月21日，到翁源县龙仙中学开展了送教活动，基地成员邓葵次老师与基地学校龙仙中学吴丽梅老师共同上了一节双师教学示范课《健美操——青春修炼手册》。

图1-1-4

5. 开展基地交流

基地成员校合作交流，资源共享，突破学科教学难点。基地成员校工作的重点是突破学科教学问题的关键点和难点。在课题研究的过程中，基地成员校加强合作，定期交流切磋研究经验，共同解决研究中出现的问题，借助课题研究平台，成员互相学习，资源共享，共同提高教科研的意识与能力。例如，2021年12月，组织基地成员到东莞市、深圳市、佛山市与其体育与健康教研基地开展交流活动。2023年3月，组织基地成员到佛山市顺德区德胜学校、佛山市体育教研基地、湛江市第二中学、湛江市培才学校与湛江市体育教研基地进行交流学习。

图1-1-5

6. 开展基地培训

为促进广东省基础教育教研基地项目的顺利实施，扎实推进广东省基础教育教研基地项目建设，韶关市教育科学研究院于2021年7月25日在韶关市第九中学召开了广东省基础教育教研基地项目初中体育与健康学科教研基地（韶关）项目论证会。邀请了广东省教育研究院体育教研员肖建忠教授、韶关市教育科学研究院副院长钟华、韶关学院体育学院副院长胡永红博士、东莞市教育局教研室体育教研员正高级教师冯伟华、佛山市禅城区体育教研员正高级体育教师钟宏伟、广州市增城区增城中学正高级体育教师邓若锋等专家对教研基地实施方案进行了论证。

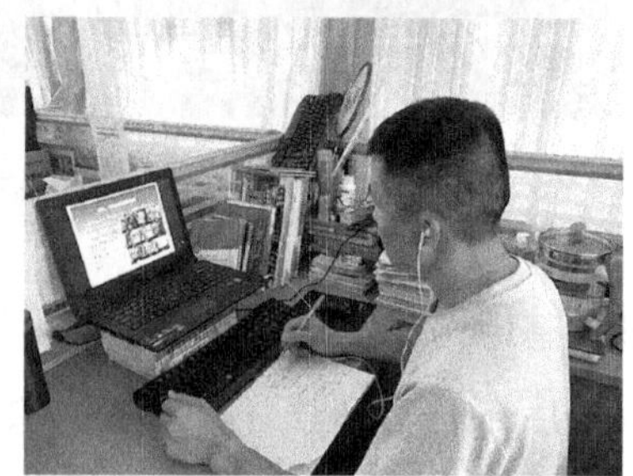

图1-1-6

2022年9月13—15日，在乐昌市，邀请广东省教育研究院肖建忠教授作主题为《广东省体育与健康教学实施纲要解读》专题讲座。2022年12月20日，在翁源县邀请东莞市正高级体育教师骆云开展了一场名为《体育与健康课程开发与利用》的专题讲座。12月21日上午，韶关学院的胡永红教授为基地成员和翁源县各学校体育组组长开展了一场名为《提升体育与健康教师职业素养》的专题讲座。2022年5月，与东莞市初中体育与健康基地联合开展了两期线上教师培训。5月19日上午，邀请庄弼作《健康中国与基础教育学校健康教育》专题讲座。5月28日上午，邀请陈雁飞作《新时代学校体育与健康教学变革》专题讲座。

7. 开展基地教研、竞赛及评选活动

基地研修活动与韶关市体育与健康学科教研、竞赛及评选活动融合开展。

韶关市教育科学研究院高度重视全市教育教学工作，每学期印发全市中小学教研活动通知，积极组织开展各类教学研究活动，为了做好基地教研活动，提高活动实效，把基地研修活动与市级公开课、示范课、观摩课等教研活动合而为一融合开展，充分保障基地活动的数量与质量。例如，2023年4月17日，在韶关市南雄市第一小学开展2022—2023学年度韶关市中小学体育与健康教学教研活动（南雄站），既是地基教研活动又是韶关市的教研活动。

教研基地协助韶关市教育科学研究院举办全市青年教师教学能力大赛、中小学体育与健康教师教学展示活动、体育教师教学技能大赛。如2021年9月27—29日在曲江区举办了韶关市第三届中小学体育与健康青年教师教学能力大赛；2022年10月，举办了韶关市青少年校园足球暨第十一届中小学（幼儿园）体育与健康教学展示活动；2023年6月，举办了韶关市第三届中小学体育与健康青年教师教学能力大赛。

2023年2月，韶关市教育科学研究院印发了《关于征集2020—2022学年韶关市“学校体育科研”课程资源的通知》，充分体现了基地建设成果，提高了全市体育与健康教师业务能力和教研水平，推进了体育课改的全面实施。2023年5月，韶关市教育科学研究院印发了《关于征集和评选韶关市中小学体育与健康课外作业设计方案的通知》，提高了韶关市中小学课堂教学质量，提升了体育教师教学水平和体育课外作业设计能力。

图1-1-7

8. 广泛宣传，示范引领

基地每次开展教研活动都制作美篇，并发布到韶关体育教师工作群。基地建设在《韶关日报》报道宣传基地教研活动，通过协办2023年广东省教育研究院走进粤东西北（韶关）教研帮扶暨校园足球送教活动，通过省教研平台，宣传基地建设，在全省起示范引领作用；通过与深圳、东莞、佛山、湛江体育与健康基地开展交流活动，把基地建设做法、成功经验、存在问题等进行分享，扩大基地在全省的影响力；通过开展市级教研活动、教师培训、送教下基层活动广泛宣传基地建设成效；通过基地学校挂牌造势，给基地成员颁发基地聘书，提高基地建设影响力、辐射力。

图1-1-8

第二节 基地建设实施方案与管理办法

初中体育与健康学科教研基地实施方案

一、基地项目名称

初中体育与健康学科教研基地。

二、实施时间

开始时间：2021年5月。

完成时间：2023年12月。

三、基地学校

广东韶关实验中学、韶关市第十三中学、韶关市第十四中学、曲江区初级中学、乐昌市第三中学、南雄市实验中学、仁化县实验学校、翁源县龙仙中学、新丰县第三中学。

四、项目负责人

黄春神：男，生于1978年，中国民主促进会会员，大学本科学历，教育学学士学位，2001年，毕业于湖南师范大学体育学院后一直在韶关市从事中学体育教学教研、竞赛、行政管理等工作。2013年，被评为中学体育高级教师。他任职市教育局德体卫艺科体育专干、市教育科学研究院体育教研员、广东省第一届学生体质健康专家委员会委员、广东教育学会体育卫生专业委员会第六届理事会常务理事、广东省中小学体育教师发展联盟副秘书长、韶关市教育学体育卫生专业委员会常务秘书长。近年来他主持了广东省课题2项，同韶关市学院体育学院联合主持了课题1项，参与了广东省“十三五”体育规划课题1项，为开展教研基地建设积累了一定经验，为基地顺利实施奠定了基础。

五、项目团队

项目团队成员有15人，体育正高级教师1人，高级教师6人，一级教师8人。团队成员中有体育教研员8人，学校副校长1人。15名成员来自9个县（市、区）的4所市直学校。

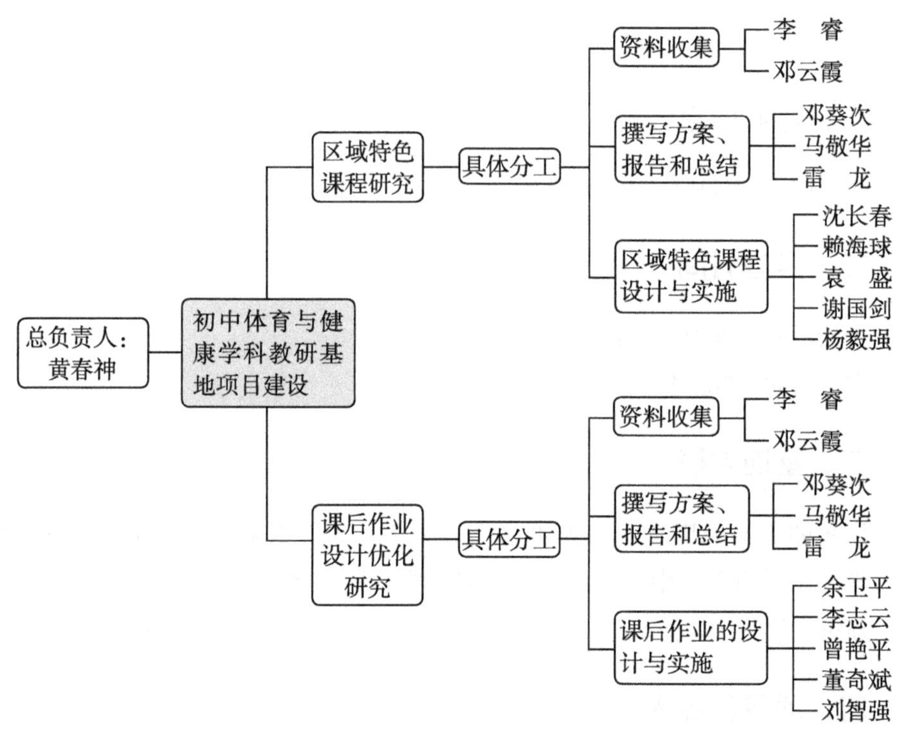

图1-2-1

六、项目实施设想

（一）主攻研究方向

（1）初中体育与健康学科区域特色课程研究。

（2）初中体育与健康学科课后作业设计优化研究。

（二）研究目标与思路

1. 目标

基地项目实施通过专家引领、同伴互助、校际交流等研训方式，充分发挥学科基地的实验、示范、辐射和引领作用，形成健康、优良的学科教研文化，促进基地学校内涵发展，进而全面提升韶关市教育教学研究和课堂教学质量，为广东省体育教学起示范作用；通过全市师资力量，创新教材编写，完善区域和校本教研机制，使韶关市体育教育教学质量整体得到提升；通过加强教师教学规范化研究、课后作业创新研究，探索课后作业实施体系，提高全市体育教师教学创新能力，全面提升韶关市中小学生体质健康水平，全面提高学科核心素养。

2. 思路

（1）基地成立韶关市教育科学研究院学科基地建设工作指导小组，全盘谋划和指导基地建设工作，协调和统筹基地各项活动，并对基地建设工作进行动态管理，充分保证基地建设工作健康稳步发展。

（2）基地项目负责人积极主动组织成员参与学科基地的各种活动，充分利用基地进行各种课程研究、课改实验、教研、培训、交流等活动，提出学科基地建设的指导性意见。

（3）基地设置基地学校9所。基地学校成立学科基地领导小组，积极谋划学科基地的建设，全力支持基地活动，充分发挥其辐射作用，以此促进学科的建设和跟进。基地学校支持相关教师积极参与本校或外校的基地活动，并为其参加活动提供时间与经费保障。

（4）基地充分利用地域资源进行基地建设，如利用地方高校资源进行基地建设；结合地方文化，如韶关地区的舞龙舞狮、乳源瑶族自治县的竹竿舞等开发地方课程、乡土课程；根据各地区学校的师资条件和学校特色开发韶关市区域特色课程。

（5）基地加强对“初中体育与健康学科教学规范研究与实践”的研究，加强课前、课中、课后教育教学改革，规范体育教师教学行为，进一步提高课堂教学质量。

（6）基地加强对“初中体育与健康学科优化作业设计的研究与实践”的研究，以育人育德为方向，坚持以人为本，打造体育教育教学的“韶关特色”。

（三）拟解决的关键问题与创新点

1. 拟解决的关键问题

（1）基地通过初中体育与健康基地建设，加强韶关市体育与健康教师队伍建设，提升体育与健康教师的业务水平。

（2）基地通过对区域特色课程的研究，拟解决目前课程教学对韶关学生适应性不强的问题，拟探索出符合韶关学生成长需要的区域特色课程教学。

（3）基地通过对体育与健康教学规范的研究与实践探索，拟解决韶关市初中体育与健康教师教学目的不明确、教学内容不具体、教学行为不规范、教学语言不专业、教学组织不严谨等方面的问题，加强教师辅导和考查等方面的工作，转变教师的传统教学观念，掌握教师的教学情况。

（4）基地通过对优化体育作业设计的研究，拟解决学校、教师和家长传统观念问题和体育与健康教师怎样科学设计体育作业的问题。

2. 创新点

项目的创新点是进一步丰富体育课程教学、规范体育课堂教学、优化体育作业设计，推动韶关体育教研体系建设，探索符合韶关实际情况的体育学科高质量发展之路，提出把体育教学从“软要求”变为“硬指标”，推动把体育教学“创新”与“实践”相结合的理念。

（四）任务、措施及进度安排

1. 主要任务

围绕基地项目所预设的建设目标，以关键问题解决为突破口，项目主要任务包括区域特色体育与健康课程的研究与实践、优化作业设计的研究与实践，进一步深化体育教学改革，指导全市中小学体育教师科学、规范、高质量地上好体育课，更好地帮助学生在锻炼中“享受乐趣、增强体质、健全人格、锤炼意志”，促进青少年学生身心健康全面发展。

（1）优化教师专业结构，夯实教师教学专业能力

项目主要任务有加强教师的教育教学理论学习和专业技能培训，补齐教师教学专业技能短板，拓宽教师的理论、专业技能视野，增强教师运用教育理论指导解决实践问题的意识，引导全市中小学体育教师科学、规范、高质量地上

好体育课。

（2）更新教学观念，开发区域特色课程

项目主要任务有从体育核心素养高度和体育课程一体化思路出发，注重学科融合与课程思政，把握学情，因材施教；充分利用地域资源进行基地建设，如利用地方高校资源进行基地建设；根据各县（市、区）学校的师资条件和学校特色开发韶关市特色地方教材等。

（3）优化教学内容，增强教研在教育教学改革中的驱动力

项目主要任务有围绕“教会”“勤练”“常赛”优化教学内容，发挥教研在打造高质量课堂教学和提升教育评价科学性、专业性方面的作用。

（4）优化和丰富课后作业，培养学生坚持锻炼的良好习惯

推动优化和丰富体育课后作业的广泛应用，有效支持结果评价、过程评价、增值评价以及综合评价；坚决克服教育评价中“唯分数”的顽瘴痼疾，培养学生坚持锻炼的良好习惯；构建全方位的教育质量监测体系，面向不同群体，整体评价教育发展质量。

2. 具体措施

（1）健全工作机制

具体措施：由市教研院牵头，统筹项目基地学校和团队成员，建立健全项目推进工作机制，明确项目主要工作内容、协调方式、教研模式、激励举措等，提高推进效率。

（2）加大专业指导

具体措施：开展“深度学习”理论活动，更新教学观念；强化“教会、勤练、常赛”课堂教学、专家讲座与学术研讨；常态化开展协同备课、专业听课、科学评课、反思改进的教研实践活动，发挥教研员在交流研讨活动中指导作用；定期开展教育教研分析、反馈活动，指导学校教育教学工作。

（3）借鉴成功经验

具体措施：充分借鉴教育发达地区课堂教学改革的成功经验，结合韶关市教育基础和项目实施目标，有选择性地借鉴有益经验做法，让项目研究建立在可靠的基础之上。

（4）突出示范引领

具体措施：树立在教育教学改革中积极有为的教师标杆，鼓励优秀、骨干

教师先试先行；减少约束和问责，建立容错和纠错机制，降低教师犯错的心理负担；鼓励教师开设公开课、示范课、研讨课，关注实践探索的过程，分享教学实践智慧。

（5）狠抓关键典型

具体措施：重视典型案例的收集、整理和提炼，多角度呈现典型案例的有益经验；重视优质资源的汇聚，将典型经验予以制度化、可操作化，加大典型案例的宣传和推广力度。

3. 进度安排

（1）准备阶段（2021年1—7月）：确定基础教育教研基地成员，学习有关资料，设计研究方案。

① 在本阶段成立基地建设领导小组，确定研究成员，明确成员分工。

② 查阅文献，研究与本课题相关的教育理论和新课改精神及韶关市学生体质目前存在的问题，分析学生体质现状，制订切实可行的研究方案，寻求增强学生体质的有关途径的策略。

③ 根据基地研究需要对课程教材教学的研究与实践、优化作业设计的研究与实践的相关内容进行有针对性的筛选，并对研究过程中会涉及的理论知识进行有针对性的专题学习，为后续工作奠定基础。完成本阶段的理论学习、问卷调查，建立基地组工作。

④ 在本阶段组织召开教研基地项目实施方案论证会。

（2）实施阶段（2021年8月—2023年8月）：积累材料，具体实施，阶段小结。

① 加强体育教师培训。教研基地是开展教师培训的重要场所，是高质量开展教学研究和实验、培训的重要保障，对于推动区域教师教育发展具有重要的实践意义。

具体实施：教研基地整合体育学科优质教学资源，聘请体育学科专家和专门工作人员针对体育教师在区域特色课程开发和利用方面，以及区域特色课程的教材内容确定、教学目标制定、教学过程设计、教学方法安排、教学评价等方面遇到的热点问题和难点问题进行教学指导，提出可行性建议，提高体育教师的教育教学能力和实践创新素养。教研基地组织体育教学名师、优秀教研人员与体育教师开展交流研究活动，针对体育课外作业的布置和实施等分享教学经验和心得，相互启发和借鉴。

② 发挥教研基地载体作用。基地组成员和基地学校的骨干教师要积极参与教学改革、课程开发、资料编写、课程培训、听课研讨、学业评价等教研工作。

具体实施：教研基地做好初中体育与健康区域特色课程的开发和整理工作，进一步拓展区域特色课程体系建设工作，制订体育课外作业实施方案，做好学生体质数据的积累和分析对比等前期工作。

2021年9月底，教研基地汇编和整理各基地学校初中《体育与健康》课程资源和各基地学校制定的《体育课外作业实施方案》初稿，并组织相关专家对其进行评审和修订。

2021年10月底，教研基地确定各基地学校的《体育与健康》课程体系，确定各基地学校《体育课外作业实施方案》的制定。

2021年11月，《体育与健康》课程体系和《体育课外作业实施方案》开始在各基地学校实施。

2022年10月，教研基地将根据各基地学校的课程体系汇编和整理出韶关市初中《体育与健康》区域特色课程资源，并在全市初中学校推广。这一区域特色课程资源将集成校内外体育优质学科教学资源，整合一批优质体育线下课程、线上精品课程、课外辅导读物和课程教学资源库，形成资源共享机制，为提高初中体育教师业务水平和教学能力实施全方位服务。教研基地与基地学校密切合作，根据基地学校教学条件和特色，制订实施计划，指导基地学校确定教学改革重点和教学研究专题；根据基地学校的实际需求，结合其常规教研活动，组织骨干教师开展专题讲座。

③ 加强区域辐射示范作用。教研基地的建设关键在于做实教研、做强学科、示范引领，充分发挥教研基地示范和辐射作用。

具体实施：韶关市初中《体育与健康》区域特色课程体系在基地学校进行推广。这一体系规范基地学校体育教师教学、优化丰富基地学校体育课外作业布置，充分利用课堂教学这个主渠道，在课堂教学中渗透提高学生核心素养的内容。

教研基地组织初中体育与健康学科区域特色课程相关的体育教学比赛和初中体育课外作业设计比赛，组织体育教师开展论文写作、课题研究等活动，及时发现和总结课程改革、教学创新中的成功经验，并积极通过会议交流、网络发布、报刊推荐等途径推广宣传。

教研基地通过主题研讨、同课异构、送教下乡等多种形式，聚焦学科教学中关键问题，探寻解决办法，主动向外传播研训经验，扩大教研基地的影响力，总结出一定的研究成果和成功经验并推广，促进全市初中体育的共同发展。

（3）结束阶段（2023年9月—2023年12月）：撰写、收集基地研究报告，进一步完善区域教材，规范教学行为，优化丰富体育课外作业。

① 教研基地在试验后进行问卷调查和抽样分析对比，评估实验效果。

② 教研基地全面整理、分析实验资料，撰写研究报告，进一步完善区域教材，规范基地学校体育教师的教学行为，优化丰富体育课外作业。

③ 教研基地申请基地的验收。

（五）预期成效

1. 实践成效

（1）教研基地通过基础教育教研基地项目建设，深化教研机制创新，推动教研体系建设，推进课程教学改革和育人方式变革，全面加强高素质专业化创新型教研队伍和教师队伍建设，整体提升基础教育教学质量。

（2）教研基地通过对初中体育与健康学科区域特色课程教学的实践与研究，解决目前课程教学对韶关学生适应性不够的问题，探索符合韶关学生成长需要的区域特色课程教学实践经验。

（3）教研基地通过对优化体育作业设计的研究，解决学校、教师和家长传统观念的问题，解决体育教师怎样科学设计体育作业的问题，把课内延续到课外提高“运动量效”。

（4）教研基地利用好韶关粤北地区体育文化资源，使国家课程、地方课程和校本课程有机结合，提高体育课程教育质量，使不同身体素质和体育能力的学生综合素质得到提升。

2. 示范成效

（1）教研基地设立初中体育教育教研基地，将之作为教研项目载体，突破初中体育学科教学问题的关键点和难点，组织各基地校加强合作，定期交流研究经验，共同解决研究中出现的问题，凝聚基层学校的教学力量，促进各基地校在体育教学改革中协同共进。

（2）教研基地让体育教师在教学过程中实现“教—学—研”一体化，指导教师在教学中既要有理论依据，又要有实践创新，提高教师的科研能力，打造一批在省市体育与健康科学领域有影响力的研究型、专家型、技能型教师。

（3）基地项目承担学校和参与学校的教学质量显著提高，项目所辐射学校的教学质量进一步得到提升，学生体质健康水平得到实质提升，学校《国家学生体质健康标准》测试结果达到《广东省教育厅关于进一步做好学生体质健康工作的通知》提出的相关要求。

（4）教研基地向外传播研训经验，扩大教研基地的影响力，总结出一定的研究成果和成功经验并推广，推动全市初中体育的共同发展。

3. 物化成果

（1）专著：《初中体育与健康教研基地建设实践》。

（2）研究报告：《初中体育与健康学科教研基地汇报材料》。

（3）《韶关初中体育课后作业优秀案例》。

（4）《韶关初中体育课后作业指南与范例》。

（5）相关论文发表2篇。

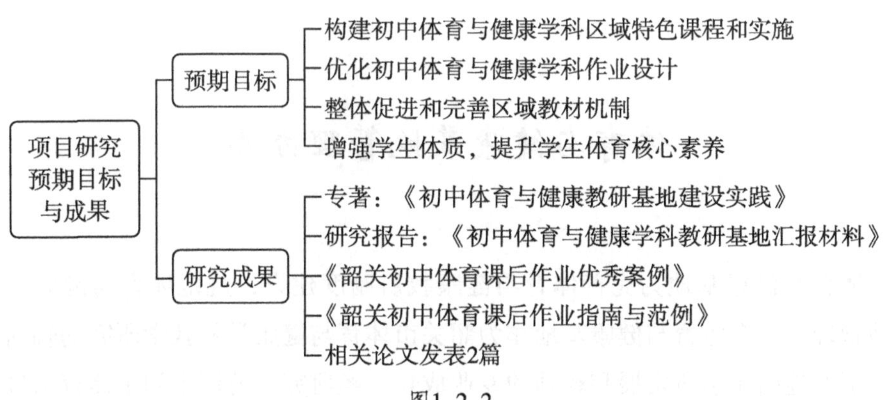

图1-2-2

（六）保障条件

（1）成立教研基地，建设工作领导小组。市教科院成立由院长任组长，分管副院长任副组长，各部门负责人为成员的工作领导小组，确保教研基地建设和运作工作的统筹协调。

（2）市教研院将教研基地的研究工作纳入市教科院的工作计划，使教研基地工作与韶关市常规教研工作有机结合，确保基地教研项目在工作安排上的时间保障；将市教研基地工作与教育科研的课题立项管理与成果培训等教科研工作有机结合起来，确保在基地教研项目工作管理和业务指导方面的保障。

（3）市教研院将教研基地的一些工作通过具体项目使用市级教研经费，确保在经费上对基地教研项目的支持。

（4）基地项目团队成员年富力强，具有丰富的专业知识背景，教学教研成果较为突出。

（5）基地项目学校在本地具有很高声誉，办学水平与质量高，在人力、物力、财力等方面将会给予教研项目大力支持。

七、经费使用

基地教研项目严格按照《广东省人民政府关于印发广东省省级财政专项资金管理办法（试行）的通知》《广东省基础教育教研基地项目建设实施办法（试行）》的有关规定和要求使用经费。主要包括资料费、会议费、差旅费、专用材料费、咨询费、劳务费、印刷出版费、培训费、评审费等。

体育与健康基地管理办法

体育与健康基地为完善体育与健康教研制度建设，规范体育与健康学科基地管理，发挥体育与健康基地作为韶关市体育与健康学科教学研究的辐射作用，更好地引领学科发展和教师的专业成长。经研究，特制定初中体育与健康学科教研基地管理办法（暂行）。

一、指导思想

学科教研基地建设要全面深化新时代教师队伍建设改革和教育教学改革有关部署和要求，坚持党的教育方针，落实立德树人根本任务，培养德智体美劳全面发展的社会主义建设者和接班人。学科教研基地建设整合全市学科优秀教师的力量，加强教学科研力度，努力尝试和探索新的教学模式，构建新型和谐的课堂教学环境，促进师生共同成长，全面提高教育教学质量。

二、总体目标

（1）学科教研基地建设要深化教研机制改革创新，推动教研体系建设，聚力研究和解决基础教育高质量发展的重点、难点问题，推进课程教学改革和育人方式变革，加强高素质专业化创新型教研队伍和教师队伍建设，为基础教育高质量发展提供强有力的专业支撑。

（2）学科教研基地建设要构建由韶关市教育科学教研院、县（市、区）教师发展中心、基地学校、体育与健康教研组、体育教师构成的教研共同体，建立统一规划、统筹管理、上下联动、相互交流、全市共享的工作机制。

（3）学科教研基地建设要转变教研工作作风，改进教研工作方式，提高教研工作实效，培育学科名师，发挥教研员、骨干教师在学科教学改革中的示范引领作用，增强教学研究的力量，提高教研活动的水平。

（4）学科教研基地建设要以基地学校为核心，搭建区域协同教研平台，建设学科教学资源库，为基地学校开展校本教研工作提供帮助。同时，开展地方特色项目，促进基地学校朝“一校一品，一校多品”发展，将其建设成为区域学科教研的品牌学校。

三、工作及措施

（一）基地学校主要工作

1. 加强学科专业建设

基地学校要研究制定学科改革和发展规划，制定和完善学科教研制度，落实教学改革、提升教学质量、保障教研活动、培养师资队伍、打造学校体育品牌特色等方面的具体目标和工作措施，切实加强本校学科的专业建设。

2. 做好学科活动计划和总结

基地学校学科教研组要做好每学期体育与健康教研活动计划和总结。

3. 支持基地开展教研活动

基地学校要大力支持教研基地举办的学科教研活动，提供必要的后勤服务，保障体育教师参加基地活动的时间；学科教研组要认真做好集体备课、示范研讨、交流发言、专家讲座等教研活动的准备工作，做好学科信息反馈工作。

4. 积极开展实践研究

基地学科教研组每年总结出具有学科特点的备课流程、教学模式、学法指导、作业布置、教研范式等研究成果或成功经验并推广。

5. 发挥示范带动作用

基地学校以学科教研实践为切入点，积累经验，并借助学科教研网、网络集体备课平台、网络教研平台等信息化手段将其辐射到其他学科和学校。

（二）基地成员主要工作

（1）基地成员要制定学科发展规划和年度重点工作计划，指导学科基地校建设，监督基地教研活动的工作计划的落实情况并认真组织计划实施。

（2）基地成员要与基地学校相关学科教研组密切合作，根据基地学校学科教学条件和特色，合理制订实施计划，指导教研组确定教学改革重点和教学研究专题。

（3）基地成员要经常到基地学校了解本学科教研教改情况，及时发现并总结该学科课程改革、教学创新中的成功经验，并积极通过会议交流、网络发布、向上级推荐等途径将其推广宣传。

（4）基地成员要经常深入课堂，了解基地学校学科教学实际情况，对学科教师采用面对面指导方式，帮助学科教师更新教学理念，改进教学方法，提高课堂教学质量。

（5）基地成员要主动关注基地学校学科教师的业务成长过程，重点加强对基地学校学科教师的备课、课堂教学、课题研究、公开课、教学反思、教学总结、教学论文撰写等的指导力度，促使基地学校学科教师特别是年轻基地学校学科教师的专业水平快速成长。

四、保障管理措施

（一）组织保障

基地的有关工作和活动，由市教研室及所辖县（市、区）教研室、基地学校负责人（校长总负责，分管教学的校长具体负责）共同负责管理。基地学校负责人具体负责履行基地的工作职责，教研员负责履行自身工作职责，双方要密切配合、相互支持、相互督促。

（二）经费保障

基地活动经费由省级教育发展专项（新强师工程）资金安排，学科基地每年年初制定分配方案，逐年下拨，专款专用。基地主持人于年初制订经费使用计划，依据计划在活动前一周填写“学科教研基地活动申报单”报教研室主任室及基地学校领导审批。基地学校做好经费使用的管理工作，支出凭证需由基地学科教研员和基地负责人共同签字方可报销，对账务实行专账管理，并纳入市财政专项资金绩效考核，考核结果作为基地学校次年经费申请依据。

（三）建立教研档案

基地学校相关学科要建立教研专项档案，教研组长要做好各项教研活动的记录和相关评价，及时收集、整理活动资料，并纳入档案妥善保管，便于总结评价。

（四）考核评价

学科基地由市教研室认定，实行动态管理，每两年认定一次；每年市教研室依据学科教研基地年度考核办法对各基地建设工作进行考核评价。基地建设工作成绩分为优秀、良好、合格、不合格四个等次，对成绩优秀的学科基地和个人予以表彰，提高预算标准；对于一年考核不合格的基地，核减其下一年度支出预算拨款，两年不合格的基地自动取消；对于违反财政专项资金管理办法的支出，责令基地退还，并在对基地的年度考核中做不合格处理。

第二章

基地建设资源开发

第一节　资源开发实施策略

以习近平新时代中国特色社会主义思想为指导，全面贯彻党的教育方针，坚持中国特色社会主义教育发展道路，努力构建德智体美劳全面培养的教育体系，落实立德树人根本任务，践行社会主义核心价值观，遵循思想政治工作规律、教书育人规律和学生成长规律，依据国家课程方案和课程标准对教材进行编写，在编写中要切实把握好教材的政治思想关、科学关、适宜关。教材建设是学校教学基本建设的重要组成部分，是推进教学内容改革、提升教学质量的重要载体，教科室应充分重视并采取切实措施加强教材建设。

一、校本教材概念界定

“校本”（school-based）一词是从国外教育文献中引进的新名词，意指自己学校本部的。“校本教材”（school-based teaching materials）从字面上来理解，就是学校自己内部所构建的教材。校本教材一般是指学校为了有效地实现校本课程目标，达到教育学生的目的，对教学内容进行研讨，并共同开发和制定一些基本的教与学素材，作为校本课程实施的媒介，这些素材共同构成了校本教材。简单地说就是由学校内的教职人员自己编写或设计的教学材料称之为校本教材。

校本教材是校本课程开发的产物，是校本课程的重要表现形式。校本课程（school-based curriculum）是一个外来语，最先出现于英、美等国，校本课程一词最早是在20世纪70年代的国际课程研讨会上提出的，当时便引起了学术界诸多学者的热烈响应，他们各自都对校本课程一词发表了自己独到的见解，这也使得学术界在当时对于这一词语呈现出多样化的解析。“校本”的含义是什么？从英文字面上来理解校本课程是“以学校为本”“以学校为基础”。

我国的许多学者，对于校本课程这一词的定义也发表了不同的看法。周登嵩教授认为：校本课程是在具体实施国家课程和地方课程的前提下，由本校或校际之间的体育教师、校长、学生和学生家长代表通过对本校学生的需求进行科学评估，充分利用当地社区和学校的课程资源，根据学校的办学思想而编制、实施和评价的课程。

王斌华教授认为，校本课程应该分为显性的校本课程与隐性的校本课程：显性的校本课程是指那些由学校教师编制、实施和评价的课程；隐性的校本课程是指教师在实施国家课程的过程中，体现出的课程扩张倾向，它的表现形式不是显性的，而是隐性的。隐性的校本课程主要表现形式有三：一是拓宽课程范围；二是适应个别需要；三是发挥创新意识。崔允漷学者把校本课程界定为学校根据本校的教育思想，通过与外部力量的合作，采用选择、改编、新编教学材料和设计学习活动的方式，并在校内实施及对其建立内容评价机制的各种专业活动，认为它是一个动态的不断完善的过程。

华东师范大学教育学博士郑金洲在《走向校本》中这样解释：所谓校本，一是为了学校，二是在学校中，三是基于学校。为了学校，是指要以改进学校实践、解决学校所面临的问题为指向；在学校中，是指要树立这样一种观念，即学校自身的问题，要由学校中的人来解决，要经过学校校长、教师的共同探讨，分析来解决，所形成的解决问题的诸种方案要在学校中加以有效实施。

也有学者认为所谓校本课程是指学校在保证国家课程和地方课程的基本质量的前提下，通过对本校学生的需求进行科学评估，充分利用当地社区和学校的课程资源而开发的多样性的、可供学生选择的课程。到目前为止，不同学者对于校本课程的概念没有统一界定，呈现为多种多样，是一个较为笼统和宽泛的概念。虽然他们对于校本课程的说法有所不同，但是其中的共同点还是可以发现的，即校本课程是在国家教育方针的指导下，根据国家课程标准和地方课程要求，以学校和学生的发展为主体，针对本校的实际情况开展的适合于本校学生特点和地方特色的多样化教学课程，即以学校为本位，由学校自己确定的课程，它与国家课程、地方课程相对应。现在在中国新课改的教育形势下，校本课程成为新课改的重点。

对于体育校本课程的概念，我国学者董翠香认为：体育校本课程是以学校体育教师为主体，在具体实施国家《体育与健康课程标准》和地方《体育与健康课程实施方案》的过程中，通过对本校学生体育需求进行科学评估，在充分利用社区和学校体育资源的基础上，所设计的旨在实现体育与健康课程目标的方案。体育校本课程作为校本课程的一个分支，其含义包含在校本课程内，是针对体育课程领域，以体育范畴作为教授范围的特定课程，它更具有针对性和目的性。

教材是一个广义的概念，它是学生达到课程标准规定目标要求的内容载体，是教师教学和学生学习的主要媒介，包括纸质教科书和电子教材以及由广泛的课程资源转化而成的教学内容。体育校本教材开发主要是符合本校和学生发展实际需要的、多样的、有本校特色的具体教学内容，应该在保持相对稳定的基础上，逐步发展，使之不断贴近学生、贴近教师和学校的实际。

校本教材包含学校的办学思想、积累的教育教学经验、教育教学实际、人文环境、学生的文化背景和认知结构等。而其中的核心内容便是学校特色。初中体育校本教材就是本着“以人为本”的原则，从学生的角度出发，以学生自我锻炼为主，结合他们的生活经验，指导他们掌握体育知识及科学的锻炼方法，从而使学生学会如何在体育教学中去自我锻炼、自我调控、自我检测与评价。不同地域的学校或同一地域的不同学校由于各种不同因素的影响，都具有自身的特点。

校本教材的校本性，是指校本教材具有服务学校、依靠学校、植根于学校的特性。这是校本教材不同于国家教材、地方教材的根本特征。首先，校本教材以适应学校和学生的实际需要为主旨；其次，校本教材的生成要以学校的办学宗旨为依据，要以为学校办出特色教育为目的，校本教材开发的主要力量是以校长为首的本校教师；最后，校本教材深深植根于学校，它得以生存和发展的土地，是由师生对它的感情、本校的优良传统、校园文化资源以及经过师生加工处理了的网络信息资源有机构成的一片沃土。校本教材在这片沃土里生根、发芽、开花、结果，它的根深深扎在这片沃土里。

校本教材的可选择性，是指校本教材具有满足学生自主选择的可能性；学生要想充分发展自己的个性，必然要求具有一定程度的自主选择教材的权利，作为育人蓝图和育人媒体的学校教材体系应适当满足学生的这一要求。校本教材可在一定程度上弥补国家规定课程体系在这方面的不足。当一所学校的校本教材发展到比较成熟的阶段时，它能较充分地反映学生的种种特别需要，提供多种多样的学科门类，让学生自由选择，从小学到初中再到高中，校本教材的可选择性是逐步增强、分层推进的。校本教材具有以学生为本的特点，融合了学校独特的教育指导思想，并且将提高学校的教育教学质量作为主要目标。在教育作用方面，校本教材融合了学生、教师以及学校的需求，能够对国家教材、地方教材的内容进行补充和完善。

二、校本教材的内涵分析

校本教材从字面上理解，就是学校内部所构建的教材。体育校本教材本质就是学校自己内部构建的教材，要符合自己学校的办学特色，教学理念符合学生的生理和心理发展特点，还要与学校的教学资源相匹配。学者陈文芳指出：体育校本教材的内容应该选择以培养学生的运动兴趣为出发点，以增强学生的身体素质为目标，要让学生将对体育知识的理解和练习相结合，要注重体育课程中的灵活性，尊重不同学生的个体差异性，分层教学，因材施教，要发展学生的创新意识。

校本教材一般具有三种基本属性，即关联性、校本性和可选择性。

校本教材的关联性，是指校本教材与课程计划中的国家教材和地方教材之间具有相互依存、相互制约的关系。校本教材只是新课程计划中的一个组成部分，它虽有独特的育人功能，但绝不能取代国家教材及地方教材特有的重要功能，因而它必然要同国家教材、地方教材密切联系，形成一个整体。其关联性有三方面的含义：第一，校本教材的总体目标与国家教材、地方教材各自的总体目标具有互补性；第二，校本教材的总课时与国家教材、地方教材的总课时具有整体性；第三，校本教材的育人功能与国家教材的育人功能具有辅助性。

体育校本教材本身就是为了改进学校体育教学实践，以解决学校体育教学所面临的问题为指向，提升学校的教学水平及体育教学质量，增强学生体质健康，体现学校的办学特色、办学理念、办学方向、发展前景等。其目的都是课程资源的体现。如果在有特色校本教材的教学过程中，学校教学收获了显著的成效，教学质量定会得到提高，从而学校也可以获得好的教学口碑和声誉。

三、体育校本教材开发的作用意义

（1）体育校本教材的开发能够拓宽体育课程研究的领域，促进体育课程即体育文化的发展。目前，对校本教材开发的研究是一个新的领域，可以加深人们对体育的理解，还可以促进体育文化的传播。

（2）体育校本教材的开发有利于加强学校体育、社会体育以及竞技体育之间的联系。学校体育已经从学校内部的体育活动扩展到竞技体育和社会体育的范围。首先，体育教材的开发打破了社会体育和竞技体育的空间界限；其次，体育校本教材开发可以调动社会体育和竞技体育的人力、物力、财力和信息；最后，校本教材的开发可以促进社会体育、竞技体育、学校体育之间相互理解，建立“大教育”“大体育”的概念。

（3）体育校本教材的开发有利于促进体育课程与其他课程之间的融合。以前的体育课相对封闭，新的校本教材开发需要在学校内外和社会的大背景下进行，需要超越体育学科的限制，融合其他学科的资源和校园文化。

（4）体育校本教材的开发可以为体育课程改革提供理论支撑。一直以来，我国的体育改革都只有实践，缺乏理论支撑，目前体育课程改革轰轰烈烈，而相关的理论研究却极为贫乏。体育校本教材开发的相关成果可以从理论和实践上解决体育改革实践中遇到的问题，为体育课程改革奠定理论基础。

（5）体育校本教材的开发有利于促进体育教师专业的发展。长期以来我国体育教师一直被排除在体育教材开发之外，被动地执行国家统编教材。体育校本教材的开发可以加深体育教师对课程的理解；体育校本教材的开发可以推动体育教师不断地学习，成为体育教师专业成长的重要推动力量。开发体育校本教材对于大多数体育教师来说都是一个完全陌生的领域，体育教师只有参与体育校本教材的开发，才能不断积累体育校本教材开发的能力，提高体育教师的教学水平；体育校本教材的开发是一项集体活动，体育教师作为体育校本教材开发的主体不仅要有独立的思考、实践能力，更需要与其他教师、专家、学校领导、学生和学生家长的合作，从而提高体育教师交流的合作能力。

（6）体育校本教材的开发有利于促进学生的发展。大量丰富的体育教材资源可以提高学生对体育课的兴趣，使学生在愉悦中掌握体育知识、技能，培养能力，陶冶情操。同时，学生也是体育校本教材开发的主体，学生的经验、感受、兴趣、爱好、知识能力构成了体育教材资源的有机组成部分。学生参与教材开发，可以带来学生学习能力、学习水平和学习态度等的变化，对培养学生的实践能力和创新能力有重要意义。

四、体育校本教材开发的方法手段

1. 体育校本教材的开发要以学生的发展为本

体育校本教材开发要体现“一切为了每一位学生的发展”的教育理念，学生的发展是教材开发的出发点和归宿。教材开发、实施和评价的每一个环节，都必须建立在理解学生、尊重学生个性差异的基础上。因此体育校本教材的开发要从学生的实际出发，充分考虑学生的兴趣爱好，使学生的个性特点得以充分发挥。体育校本教材内容的选择应充分考虑学生的需要和兴趣，使所选教材真正满足本校学生的需要，能促进本校学生各项体育素质的全面发展，提高教材的适用性。根据学校的实际情况在现有的体育教材上进行延伸，如田径、体操、足球、篮球、排球、跳绳、踢毽子以及花样兔子舞等校本课程。体育校本教材在适应社会变化方面应更加灵活，更加贴近学生的实际需要，从而更有效地促进学生的发展。

2. 体育校本教材的开发要根据不同学校的实际情况，找到合适的切入点

诸多研究表明：我国现行的国家体育课程存在许多不足，特别是与当地学校的实际情况严重脱节。国家课程基本上以较发达城市学校的学生为对象，没有充分考虑与城乡学校和学生的差别，因此课程的实用性不强，很多内容由于条件的限制而无法开展。体育校本教材的开发可以在一定程度上弥补国家课程的不足，满足不同地区、不同学生的需要。体育校本教材的开发要充分发挥学校现有的资源优势，积极引入具有地方传统特色的体育项目充实教材，让各种传统的、特色的体育项目与校本教材有机的结合，以满足广大学生的需要。

3. 体育校本教材的开发要重视体育教师的作用

体育校本教材的开发离不开体育教师的参与，把体育教材开发的权力还给体育教师，让体育教师来从事课程的开发与实践活动，这已经成为一种共识。因此，体育校本教材开发过程，必须立足于体育教师的个性，让体育教师真正成为体育校本教材开发的直接参与者。体育教师是体育课程改革的实践者，是体育校本教材开发的研究者，他们的自身素质是影响体育校本教材开发的关键因素。

4. 体育校本教材的开发要合理利用和改造学校及周围环境的场地以及器材资源

不同地区、不同学校的实际条件不同，学校在开发体育校本教材时也应该因地而异、因人而异，不能为了赶时髦一哄而上，要根据学校的条件和地方的风土人情整合资源，开发具有学校特色的体育校本教材。不同的体育项目需要不同的场地和器材，合理利用和改造学校及周围环境的场地、器材资源是体育校本教材开发的又一突破口。不同学校要根据自己学校场地器材的具体情况量力而行，农村学校教师队伍和办学条件相对较弱，要尽量利用山区丰富的自然资源，来开发适合本校特色的体育校本教材，如登山、象征性长跑、趣味运动会、橡皮筋等就是很好的体育校本教材资源。

5. 体育校本教材的开发要给学生提供一个创新发展的大平台

体育校本教材的开发，是一个极具挑战性的任务，为教师提供了无限的表现与创造的空间，也应为学生的创新发展提供一个平台。体育校本教材开发要打破传统的设置模式，在学习内容选择方面要以“菜单”形式提供给学生，让学生自主选择丰富多彩的体育校本教材，不断增强学生自主选择意识和能力，使学生学得轻松快乐。学生的学习是主动、活泼的。在学习方式方面，体育校本教材的开发要给学生创设一个发展的平台，让学生通过自主学习、探究学习的方式进行创造式学习，不要让学生的思维禁锢在老师的预设的框架之中；要充分体现学生的主体地位，让学生在主动学习和锻炼中掌握技能，并能有所创新，养成终身体育的习惯。

五、体育校本教材开发的实施路径

1. 深化、提高原有教材的技术

深化、提高原有教材的技术是从学生技能提高和学校需要的角度来说的。比如，在篮球项目传统学校，家长怕耽误自己孩子的学习，不希望学生参加课余运动训练，学校组不成篮球队。学校利用校本课程的时间在全体学生中普及学生喜欢的篮球课，学生的篮球技术水平普遍提高，篮球队的学生得到发展的机会，这时候体育教师开发的符合本校学生实际的篮球教材，是一种基于学校需要和学生实际需要的技术深化和提高类的校本教材。体育传统学校运用校本课程的时间继续深化和提高学生的技术，满足学生的需要，与国家课程的目标有很强的一致性，但它突出的是学校和学生的实际与特色，这也正说明校本教材与国家课程之间的互补性。

2. 因地制宜，就地取材

体育校本教材的开发结合学校的地形、地貌、气候条件、体育传统、民俗文化等条件，可以开发出多种多样、丰富多彩的体育教材。例如，有的学校周边竹林密布，学生家长都会编制竹器，学校根据丰富的竹子资源，利用竹竿开发出竹竿舞。在竹竿下方编制藤踏脚板，制作成竹高跷，学校开发出走高跷的教材，既充分利用了资源，又体现了校本特色。这是基于学校自然环境、体育人文环境等角度开发的体育校本教材。

3. 废物利用与开发

有些学校利用生活中的废旧用品开发校本教材，例如，利用报纸、胶圈、塑料泡沫、矿泉水瓶、易拉罐、汽车轮胎等多种多样的物品，结合学校实际和学生需要，开发了极具特色的体育校本教材，丰富了体育教学内容。

4. 挖掘地方特色资源，开发具有地方特色的校本教材

粤北地处粤、赣、湘、桂四省（区）的接壤位置，东北面越过大庾岭是江西省的赣州地区，北面与湖南省的郴州市和永州市接壤，西面是广西壮族自治区的贺州市。中原文化最早从粤北地区进入岭南地区，其中以客家人居多。这些特点决定了粤北地区有许多具有地方特色的体育运动。如一直以来粤北地区各地都有逢年过节舞龙舞狮的习惯，乳源瑶族自治县瑶族同胞的竹竿舞，具有地方特色的传统武术等都是具有地方特色的教材资源。

5. 充分用好现有的人力资源，开发具有地方特色的体育校本教材

现有的人力资源指在职教师、退休教师、具有地方特色运动项目指导能力的社会人士，他们根据地域和学校特点挖掘地方特色、学校特色教材。如风烈中学的武术项目教材，红星小学的花样跳绳项目教材，乳源高级中学及南雄二中的竹竿舞等。

6. 利用现代信息技术，开发多媒体体育教材

多媒体教材是从促进学生获取丰富的体育文化知识，高效地掌握运动技能角度开发的校本教材。随着信息技术的发展，体育多媒体课件正在体育课中逐步推广，结合本校学生实际情况制作的多媒体体育教材，既提高了教学效果，又丰富了校本教材的种类，从长远来看应该加强对多媒体体育教材的研究。

第二节　校本教材实施方案

《舞龙舞狮》校本课程

——乳源高级中学开展舞龙舞狮实施方案

广东省乳源瑶族自治县高级中学创办于2003年7月，现为广东省国家级示范性高中。学校布局合理，硬件设施完备，有按国家一类标准配置的理化生实验设施，图书馆、科技馆、电脑室、语音室、音乐室、书画室功能齐全。校园按功能分为教学区、运动区、生活区三个区域，三区交相辉映，使学校的人本化、生态化和信息化充分呈现，宛若一幅天然的立体画卷。

一、办学理念引领积极组织创建

乳源地处广东省北部山区，是一个少数民族聚集地，主要有瑶族、畲族、满族、壮族等民族，历史上属于老、少、边、穷的粤北山城。经济上的落后制约了文化的发展，为此，学校领导班子审时度势，确立了鲜明的"让每一个人心中充满希望，让每个学生得到充分发展"办学理念，引领学校高效发展。

舞龙舞狮是中华民族政治、思想、文化、艺术、体育、宗教信仰和社会民族的结晶，是我国一项传统的民间体育活动，深受人们的喜爱。每逢喜庆节日，舞龙舞狮活动就开始了！大街小巷，伴随着锣鼓声声，热闹非常，舞龙舞狮深受世界和各族人民的喜爱。舞龙舞狮历代相传，经久不衰，并由此形成了极其灿烂的舞龙舞狮文化，为了继续传承和发展这一传统文化，舞龙舞狮走进了高校，如今更进入中学。

学校龙狮队成立于2012年9月，是韶关市唯一一所开展舞龙舞狮运动的普通高中，这是学校“让每一个学生都得到发展”办学理念的落实，是“素养+特长”育人模式的实践。队伍由专业教师和学校里热爱中华龙狮运动的学生组成。龙狮队创立以来，以弘扬中华传统文化，发扬龙狮运动精神为宗旨，通过组织多种形式、内容丰富的活动，锻炼学生的身体、培养学生爱国热情和团结友爱精神，树立学生顽强的品质和坚强的自信心。

学校龙狮队现有教练员2名，分别负责龙队、狮队训练；龙队有46名学生，其中男队员29名，女队员17名。狮队共有40名学生，其中男队员32名，女队员8名。

二、成立领导机构，提供组织保障

为规范管理和龙狮队的持续发展，学校专门成立了领导小组机构，以校长为组长，副校长为副组长，体育教师为成员构成领导小组，制定了相关的器材使用管理制度、教练员培训制度、学生活动管理制度及训练资金保障统筹规划等系列规章制度，为龙狮队的持续发展提供了有力的制度和组织保障。

三、各级领导支持，提供经费保障

学校前期，投入近2万元，购买了2条龙（九节）、2头狮（黄鹤桩鸭嘴南狮子），以及龙狮乐器1套，组建了龙狮队。后期，龙狮队外出活动表演和参赛，都有赞助商提供活动经费，器械道具也不断增加，现学校共有九节龙12条，五节龙7条，三节龙6条；南狮24头，鼓乐道具5套。

四、把握机会亮相，吸引学生参与

在建队初期，虽然龙狮训练让许多学生感到新奇，但还是有许多学生都是抱着不认同的心态看待舞狮舞龙项目的，认为这些项目，对高考成绩没有帮助，而且还要浪费许多时间，很多学生都不愿意参加。因此，学校开辟了宣传专栏，龙狮队的奖状、奖杯以及活动照片都上了墙，吸引了众多学生的目光。

五、积极参与各项活动

为提升教学的效果，在日常教学中，学校龙狮队教练加强最基本、最简单的舞龙狮的套路训练，丰富教学方法和手段，积极进行龙狮教学教法的探索性研究，让学生在“自主、合作、探究”的目标体验教学模式下的学习过程中把握龙狮运动的要点、技巧和方法。通过实践使学生体验民族优秀的体育文化和体育知识的重要价值，培养学生吃苦耐劳的精神。为了提高学生专项技术水平，发展学生的运动才能，教师们积极为学生创造各种学习的机会，搭建成长和展示自我的平台，以集体走出去、共同学习、齐齐进步的训练方式，让学生走出课堂，通过组织学生参加校园体育艺术节、龙狮大拜年、“盘王节”、招商引资庆祝演出活动及参加国家、省、市级舞龙舞狮麒麟大赛等，积累学生表演及比赛经验，提升龙狮体育选项课的教学实效，提高学生舞龙狮的技巧。

六、课时计划

（一）舞龙课时总计划（高一或高二学年）

训练时间：周一至周五16:50—18:00，周一至周五体育舞龙选项课，合计35周次。

上课地点：田径场一角、图书馆一楼或者三楼。

（二）周课时训练计划安排及内容（以男龙为例）

表2–2–1

序号	周次	训练内容
1	第一学期第2周	1. 介绍本学期的教学内容，课堂教学要求，考试办法及标准； 2. 简介舞龙的形式内容； 3. 学习徒手舞龙跑动技术（跑圆场、跑斜圆场、滑步行进、上下起伏行进等）
2	3	1. 复习持龙技术，进行换把、持龙直线行进练习； 2. 复习游龙、跑圆场、跑斜圆场、上下起伏行进、曲线行进
3	4	1. 复习上次课所学内容； 2. 学习原地单边起伏、原地8字舞龙； 3. 协调性练习
4	5	1. 复习原地单边起伏、原地8字舞龙； 2. 协调性练习
5	6	1. 复习原地单边起伏、原地8字舞龙； 2. 学习龙出宫造型、龙舟造型； 3. 上肢力量练习

续 表

序号	周次	训练内容
6	7	1. 复习所学内容； 2. 学习龙穿身，内外双侧起伏； 3. 耐力练习
7	8	1. 练习组合动作； 游龙—原地快8字舞龙—曲线行进—龙出宫造型—龙穿身—内外双侧起伏—龙舟造型； 2. 学习难度动作：蹬腿搁肩8字舞龙
8	9	1. 复习蹬腿搁肩8字舞龙动作； 2. 学习造型动作：龙脱衣； 3. 自编整套练习： 曲线行进—龙出宫造型—龙穿身—内外双侧起伏—龙舟造型—原地快8字舞龙—龙脱衣—蹬腿搁肩8字舞龙动作
9	10	1. 复习蹬腿搁肩8字舞龙动作、龙脱衣动作； 2. 学习难度动作：弓步后仰躺腿8字舞龙； 3. 腰腹力量练习
10	11	1. 复习所学内容； 2. 小套路练习： 曲线行进—龙出宫造型—龙穿身—内外双侧起伏—龙舟造型—蹬腿搁肩8字舞龙动作—原地快8字舞龙—龙脱衣—弓步后仰躺腿8字舞龙
11	12	1. 复习所学内容； 2. 学习快腾进、纵向曲线慢腾进； 3. 耐力练习
12	13	1. 复习：快腾进、纵向曲线慢腾进； 2. 学习难度动作：直躺舞龙、摇船舞龙； 3. 腰腹力量练习
13	14	1. 复习：直躺舞龙、摇船舞龙； 2. 腰腹力量练习
14	15	素质练习（体能训练）
15	16	小套路练习： 快腾进—龙出宫造型—龙穿身—内外双侧起伏—龙舟造型—蹬腿搁肩8字舞龙动作—弓步后仰躺腿8字舞龙—原地快8字舞龙—龙脱衣—摇船舞龙—纵向曲线慢腾进—直躺舞龙—曲线行进

续 表

序号	周次	训练内容
16	17	小套路复习： 快腾进—龙出宫造型—龙穿身—内外双侧起伏—龙舟造型—蹬腿搁肩8字舞龙动作—弓步后仰躺腿8字舞龙—原地快8字舞龙—龙脱衣—摇船舞龙—纵向曲线慢腾进—直躺舞龙—曲线行进
17	18	编整套考核，总结评价 要求：学生书写一篇训练心得
18	第二学期第2周	1. 介绍本学期的教学内容，课堂教学要求，考试办法及标准；明确比赛要求与规则，确定比赛人员及相关安排； 2. 复习上学期内容，以基本功为主； 3. 素质训练，恢复体能
19	3	复习所学动作： 快腾进—龙出宫造型—龙穿身—内外双侧起伏—龙舟造型—蹬腿搁肩8字舞龙动作—弓步后仰躺腿8字舞龙—原地快8字舞龙—龙脱衣—摇船舞龙—纵向曲线慢腾进—直躺舞龙—曲线行进
20	4	1. 学习游龙动作：矮步跑圆场、越龙珠、单侧起伏小圆场； 2. 上肢力量练习
21	5	1. 学习游龙动作：左右倒把曲线行进、快速跑斜圆场； 2. 学习穿腾翻滚动作：穿龙尾越龙尾； 3. 耐力练习
22	6	1. 复习所学的游龙动作和穿腾翻滚动作； 2. 学习翻滚动作：大力圆螺旋行进、卧龙飞腾； 3. 腰腹力量练习
23	7	1. 复习所学动作； 2. 学习难度动作：挂腰舞龙、四人后仰平躺8字舞龙； 3. 腰腹力量练习
24	8	1. 复习难度动作：挂腰舞龙、四人后仰平躺8字舞龙； 2. 动作串联练习： 矮步跑圆场—越龙珠—单侧起伏小圆场—左右倒把曲线行进—快速跑斜圆场—挂腰舞龙—穿龙尾—四人后仰平躺8字舞龙—越龙尾—大力圆螺旋行进—卧龙飞腾
25	9	1. 学习难度动作：骑肩双杆舞龙、单柱平盘； 2. 下肢力量练习
26	10	1. 复习难度动作：骑肩双杆舞龙、单柱平盘； 2. 素质练习

续表

序号	周次	训练内容
27	11	1. 复习难度动作：蹬腿搁肩8字舞龙动作—摇船舞龙—挂腰舞龙—直躺舞龙—四人后仰平躺8字舞龙—骑肩双杆舞龙—单柱平盘； 2. 学习难度动作：搁腿靠肩8字舞龙（单桥）
28	12	1. 学习组图造型动作：蝴蝶结造型、高塔盘造型、仙桃造型； 2. 学习开场以及结束造型：龙头坐肩矮步跑圆场、大龙门造型； 3. 腰腹力量练习
29	13	素质练习
30	14	自选套路第一段练习： 龙头坐肩矮步跑圆场—快速跑斜圆场—挂腰舞龙—蝴蝶结造型—快腾进—大力圆螺旋行进—直趟舞龙—越龙尾—蹬腿搁肩8字舞龙—高塔盘造型—原地快速8字舞龙
31	15	自选套路第二段练习： 原地快速8字舞龙—换龙头—矮步跑圆场—越龙珠—单侧起伏小圆场—骑肩双杆舞龙—穿龙尾—四人后仰平躺8字舞龙—仙桃造型—左右倒把曲线行进—单柱平盘—搁腿靠肩8字舞龙—纵向曲线慢腾进—摇船舞龙—龙脱衣—卧龙飞腾—大龙门造型
32	16	整套动作练习： 龙头坐肩矮步跑圆场—快速跑斜圆场—挂腰舞龙—蝴蝶结造型—快腾进—大力圆螺旋行进—直趟舞龙—越龙尾—蹬腿搁肩8字舞龙—高塔盘造型—原地快速8字舞龙—换龙头—矮步跑圆场—越龙珠—单侧起伏小圆场—骑肩双杆舞龙—穿龙尾—四人后仰平躺8字舞龙—仙桃造型—左右倒把曲线行进—单柱平盘—搁腿靠肩8字舞龙—纵向曲线慢腾进—摇船舞龙—龙脱衣—卧龙飞腾—大龙门造型
33	17	结合音乐，适当更改动作衔接，适当调整动作位置
34	18	整套动作复习 要求：达到与音乐同步的目标
35	19	编整套考核，总结评价 要求：学生书写一篇训练心得

备注：女龙自选套路训练计划与男子组计划相似，动作难度较低，造型偏多，适当调整便可。

（三）舞狮课时总计划（高一或高二学年）

训练时间：周一至周五16：50—18：00，周一至周五体育舞狮选项课，合计36课时。

上课地点：田径场一角、图书馆一楼或者三楼。

（四）周课时训练计划安排及内容

表2-2-2

课时	专项内容与要求	体能内容与要求
1—2	1. 介绍学校体育教学情况、校规及体育课的要求。 2. 讲解本学期专项所学内容。 3. 龙狮运动文化背景及礼仪教育。 4. 学习基本技术： 手型手法：双阳手、双阴手、阴阳手、单手； 身型：三弯（手弯、腰弯、膝弯）； 步型：弓、马、虚、仆步、麒麟步、跪步、独立步。 教学重点： 1. 学习专项基本技术动作； 2. 初步了解南狮运动基本功的要领	专项素质： 手型和手法练习； 步型控制练习。 教学重点：提高专项基本功能力
3—4	1. 复习上节课所学内容。 2. 学习基本技术： 手法：转头、低头、抬头、回头； 步法：上步、跳步、碎步、插步。 头尾配合：腰带握法、身型动作、步法动作。 鼓乐配合：乐点节奏介绍、乐器握法。 教学重点： 1. 纠正已学基本技术的错误动作； 2. 学习专项基本技术动作	身体素质： 中长跑（200m×2组）。 教学重点： 1. 建立完整技术动作概念； 2. 掌握长跑中的呼吸节奏
5—6	1. 复习上节课所学内容。 2. 学习基本技术： 手法：眨眼、合口； 腿法：弹腿、探腿。 3. 基本动作： 高架动作； 头尾配合：上双腿、上单腿； 鼓乐配合： 鼓点节奏动作：擂鼓、震鼓。 教学重点： 1. 纠正已学基本技术的错误动作； 2. 学习专项基本技术动作	专项素质： 步型和腿法练习。 教学重点： 1. 增强腿部力量； 2. 提高学生速度、灵敏性

续 表

课时	专项内容与要求	体能内容与要求
7—8	1. 复习上节课所学内容。 2. 学习基本技术： 高架动作：摆头、转身； 中架动作：探路、神态动作。 3. 基本组合动作： 高架动作接中架组合； 头尾配合：上肩、钳腰。 鼓乐配合： 鼓点节奏动作：平鼓、步鼓。 教学重点： 1. 纠正已学基本技术的错误动作； 2. 学习专项基本技术动作	身体素质： 中长跑（变速跑、耐力跑）。 教学重点： 通过辅助练习手段，逐步掌握中长跑技术
9—10	基础理论（大纲统一安排）	
11—12	1. 复习上节课所学内容。 2. 学习基本技术： 中架动作：探路、神态动作； 低架动作：舔脚、捋须、擦牙。 3. 基本组合动作： 高架动作接中架组合接低架。 头尾配合：滚翻动作。 鼓乐配合： 鼓点节奏动作：三星鼓、快步鼓、七星鼓。 教学重点： 1. 纠正已学基本技术的错误动作； 2. 学习专项基本技术动作	1. 专项素质。 2. 学习专项基本技术动作： 步型变化练习； 拳法练习。 教学重点： 加强专项素质能力
13—14	1. 复习上节课所学内容； 2. 学习组合动作： 三拜师、抛狮、咬尾、戏水、照镜； 3. 学习套路动作： 睡狮、醒狮、惊狮、望狮。 鼓乐配合： 鼓点节奏动作：三乐合奏。 教学重点： 1. 纠正已学基本技术的错误动作； 2. 学习专项套路动作	身体素质： 中长跑（计时跑）。 教学重点： 1. 进一步改进途中跑技术与呼吸节奏； 2. 提高耐力素质

续 表

课时	专项内容与要求	体能内容与要求
15—16	1. 复习上节课所学内容； 2. 学习难度动作： 原地腾跃、抛跃、腾空转体； 3. 学习套路动作： 喜狮、怒望、惊疑、出洞。 鼓乐配合： 鼓点节奏动作：三乐合奏。 教学重点： 1. 纠正已学基本技术的错误动作； 2. 学习专项套路动作	专项素质： 跳跃动作练习； 抛举动作练习； 教学重点： 1. 加强弹跳能力； 2. 提高腰部力量
17—18	1. 复习上节课所学内容； 2. 练习难度动作： 原地腾跃、抛跃、腾空转体； 3. 学习套路动作： 擦脚、搔痒、洗面、挖耳、伸腰。 鼓乐配合： 鼓点节奏动作：三乐合奏。 教学重点： 1. 纠正已学基本技术的错误动作； 2. 学习专项套路动作	身体素质： 立定跳远。 教学重点： 1. 提高腿部力量，增强爆发力； 2. 强调手臂、下肢、腰腹协调用力
19—20	1. 复习上节课所学内容； 2. 练习难度动作： 原地上腿、上肩、钳腰； 3. 学习套路动作： 戏水、饮水、抹嘴、弄须、刷牙、擦眼。 鼓乐配合： 鼓点节奏动作：三乐合奏。 教学重点： 1. 纠正已学基本技术的错误动作； 2. 学习专项套路动作	身体素质： 中长跑（800m/1000m）。 教学重点： 1. 进一步改进途中跑技术与呼吸节奏； 2. 克服“极点”
21—22	1. 复习上节课所学内容； 2. 练习难度动作： 原地上腿、上肩、钳腰； 3. 学习套路动作： 望青、探青、寻青、戏青	专项素质： 拳法练习； 体前屈练习；

续 表

课时	专项内容与要求	体能内容与要求
21—22	鼓乐配合： 鼓点节奏动作：三乐合奏。 教学重点： 1. 纠正已学基本技术的错误动作； 2. 学习专项套路动作	教学重点： 1. 加强踢腿速度； 2. 提高柔韧性
23—24	1. 复习上节课所学内容； 2. 练习难度动作： 左右滚翻、上头； 3. 学习套路动作： 惊青、拆青、弄青。 鼓乐配合： 鼓点节奏动作：三乐合奏。 教学重点： 1. 纠正已学基本技术的错误动作； 2. 学习专项套路动作	身体素质： 立定跳远考试。 教学重点： 1. 提高腰腹力量； 2. 注意蹬摆协调
25—26	南狮基础理论课	
27—28	1. 复习上节课所学内容； 2. 练习难度动作： 左右滚翻、上头； 3. 学习套路动作。 咬青、吞青、抛青、醉青。 鼓乐配合： 鼓点节奏动作：三乐合奏。 教学重点： 1. 纠正已学基本技术的错误动作； 2. 学习专项套路动作	身体素质： （800/1000m跑）考试； 教学重点： 测试耐力素质
29—30	1. 复习上节课所学内容； 2. 学习套路动作：回洞、睡狮； 3. 套路练习： 鼓乐配合： 鼓点节奏动作：三乐合奏。 教学重点： 1. 纠正已学基本技术的错误动作； 2. 学习专项套路动作	

续 表

课时	专项内容与要求	体能内容与要求
31—32	1. 复习上节课所学内容； 2. 练习套路动作：分2节分节练习、完整练习； 3. 鼓乐配合套路练习。 教学重点： 1. 纠正已学基本技术的错误动作； 2. 完成完整套路动作	
33—34	1. 专项技术考试。 在鼓乐配合下完成： （1）南狮单动作4个； （2）双人完成套路（醒狮出洞）。 2. 总结本课程学习及考试情况	
35—36	机动	

第三章

基地建设教学实施

第一节 教学实施策略

在《义务教育体育与健康课程标准（2022年版）》的引领下，省教研基地建设，在深化教研机制创新、推动教研体系建设、推进课程教学改革和育人方式变革等方面，加强韶关市体育教师对新课程标准的理解，让体育教师从“教会、勤练、常赛”教学要求，转变为注重“学、练、赛”一体化教学，注重优化教学效果，向课堂40分钟要质量。教研基地利用基地建设平台，结合省、市、区课堂教学基本要求和教学行为，以2018年韶关市教育科学研究院编写的《韶关市中小学教学常规》为指引，落实教学工作的中心地位，夯实教学基础，努力实施《义务教育体育与健康课程标准（2022年版）》，积极教书育人，不断提高中小学教学效率；积极开展各种各样的教学比赛，指导学生学会基本运动技能和专项运动技能，激发学生参与运动的兴趣，使学生掌握1—2项基本运动技能，并养成终身体育的习惯，为学生的全面发展打下坚实基础。

一、教学实施概述

体育教学是按一定计划和《义务教育体育与健康课程标准（2022年版）》进行的有目的和有组织的教育过程。体育教学由教师和学生共同参与，包括教师的“教”与学生的“学”，其任务是向学生传授体育知识、技术与技能，增强其体质，培养其道德、意志、品质等。它是学校体育实现的基本形式，也是体育目标的实现途径之一。

二、教学实施概念

教学实施是实现教学目标的中心阶段，教学实施策略的选择既要符合教学内容、教学目标的要求和教学对象的特点，又要考虑在特定教学环境中的必要性和可能性，为其他专业的课堂教学提供规范。

三、教学实施背景

20世纪80年代以后，我国体育理论界开始致力于探索具有中国特色的体育教学体系，但没有形成统一认识，出现多种体系并存的现象。到20世纪90年代，随着教育学、心理学、社会学、教学论、方法论及体育科学的发展，人们对体育教学原则的认识加深，体育教学体系的研究形成了多种不同的思想观念。直至2022年4月《义务教育体育与健康课程标准（2022年版）》的正式颁布，标志着课程改革进入了新的阶段。在新的课程理念与课程目标的指导下，明确指出关于体育教学实施过程的任务，主要包含以下几个方面：

（一）掌握与运用体能练习方法和运动技能，提高运动能力

通过体育与健康课程的学习，学生能够享受运动乐趣，掌握各种各样的体能练习方法，积极参加各种体能练习和各项比赛，改善体形，掌握1—2项运动技能，能够提高分析和解决问题的能力。体育教师将“以教定学”观念转为“以学定教”，充分把握学情，注重个体差异，促进教师的主导作用和学生主体作用的有效发挥，促进每一个学生的健康发展。

（二）学会运用健康与安全的知识和技能，形成健康的生活方式

通过体育与健康课程的学习，学生能够知道体育锻炼对健康的重要，形成体育锻炼的意识和习惯。在平时的学习和生活中，学生运用掌握的知识和方法，调控情绪，应对挫折和失败，知道在不同学习和生活环境下进行体育锻炼的方法和注意事项，能够适应各种各样的环境。

（三）积极参与体育活动，养成良好的体育品德

通过体育与健康课程的学习，学生能够遵守体育游戏、展示和比赛等规则，相互尊重，诚实守信，将公平、公正、公开竞争的意识、行为和良好体育品德运用到日常学习和生活中。

四、教学实施意义

（一）体育教学对生命价值的意义

体育是人类时间活动的产物，人可以通过体育实践活动完成自身生命发展，在不同历史时期体育给人带来的变化也不尽相同，同时体育一直在人类的

生存与进化中扮演着十分重要的角色。因此，体育是促进人自我超越的动力，能够提升生命的精神境界，促使人寻求和创造生命的意义，在教学中，对学生产生的影响十分关键。

（二）体育教学对培养学生规则意识的意义

国有国法、家有家规。如果人在生活中缺少规则意识，社会就会一团糟。因此，培养学生的规则意识具有重要的现实意义。培养规则意识既是青少年健康成长的需要，也是学生适应未来社会生活的需要，学校应教育学生守规矩、严纪律。作为体育教师，通过体育课教学培养学生的自我约束力，使学生树立公平正义、诚信友爱的理念，引导学生健康成长成才。

（三）体育教学对学生人格教育的意义

一个人综合素质的核心就是人格，只有具备了健康的人格，以积极的心态融入社会，才能肩负起社会的责任。体育教学对学生人格教育的意义在于对学生坚毅性格的磨炼、对学生友善性情的塑造、对学生大局观念的培育。第一，对学生坚毅性格的磨炼，包括对学生自律性、自觉性和抗击压力的磨炼。第二，对学生友善性情的塑造，人格教育既包括了对内的自我认知，还包括了对外的人际交往，体育教学对学生人格教育中友善性情的塑造有着非常大的意义。在课堂上，体育锻炼通常是以集体锻炼的方式开展，教师会让学生用更加轻松愉快的方式去完成训练，这个过程常常是学生之间培养友谊和默契的过程。以集体性项目训练为例，双方或多方在互相配合，共同训练的过程中实现了一种良性的、愉悦的社交，长此以往，学生就可以逐渐地学会如何更好地与对方建立友谊，这就是体育教学对学生人格教育中友善性情塑造的意义。第三，对学生大局观念的培育，学生在人际交往、与他人建立友谊、培养默契时，就是以个体参与到集体活动中，而这就需要学生能够平衡好个人与集体的关系，这种人格教育中的大局观念意识，同样可以通过体育教学来完成。

（四）体育教学对学生德育教育的意义

在提倡素质教育的今天，学校必须把德育教育作为教学重点工作内容，除了专门的思想政治教育，学校还应把德育教育渗透到各学科的教学中，体育教学也不例外。新课标理念下的体育教学应以学生发展为中心，所以在体育教学中，体育教师不仅要培养学生的体育技能，还要重视学生素质的提高。体育教学不仅可以提高学生的爱国主义思想，培养学生的团队意识和竞争意识，还可以培养学生树立积极面对困难、勇于解决困难、不畏艰辛等优秀的品质，同时帮助学生树立正确的人生观和价值观。

五、教学实施策略与方法

体育与健康课程要培养的核心素养，主要体现在运动能力、健康行为、体育品德等方面。明确课程目标，确定课程内容结构主要包括基本运动技能、体能、专项运动技能和跨学科主题学习。同时，根据广东省教育厅关于印发《广东省中小学体育与健康课堂教学基本要求》及市、区印发的教学指导意见的通知要求，体育与健康课程通过举行教学比赛、教研活动、培训学习、送教下乡、教学设计评比、录像课评比等多种多样的形式，促进全市体育与健康学科教师基于学科、用于学科、不断创新实践、把育人蓝图变成现实，培育一代又一代有理想、有本领、有担当的时代新人。

第二节　教学设计案例

田径大单元（基础单元）教学设计（水平四）

一、指导思想

全面贯彻党的教育方针，以习近平新时代青年思想为指导，落实“健康第一”的教育理念，帮助学生在体育锻炼中“享受乐趣、增强体质、健全人格、锤炼意志”。以《义务教育体育与健康课程标准（2022年版）》和《〈体育与健康〉教学改革指导纲要（试行）》为依据，落实“教会、勤练、常赛”教育教学改革理念，渗透课程思政，发展学生的核心素养。

二、单元学习目标

（1）运动能力：学生在降低规则要求的情境下做出所学项目的基本动作和简单组合动作，并运用于跑、跳、投掷游戏和比赛中；学生体能水平有所提高；学生能说出发展跑、跳、投掷能力的动作名称和练习方法；学生每学期观看不少于5次相关的比赛。

（2）健康行为：学生适应跑、跳、投掷游戏和比赛的环境变化，主动与同伴交流合作，并在学练有一定难度的动作时能保持情绪稳定，初步树立安全意识。

（3）体育品德：学生在所学练游戏和比赛中积极进取，不怕困难，勇敢顽强。

三、课的内容和方法

（1）跑：折返跑、追逐跑、间歇跑。

（2）跳：单脚跳、双脚跳、弓箭步交换跳、猜拳跨步跳。

（3）投：立卧撑、仰卧起坐、收腹跳、深蹲跳、俯卧撑。

四、单元计划

表3–2–1

单元	课次	技战术（比赛）+专项体能	教学方法
基础单元	1	跑：1. 站立式起跑 2. 跑、跳结合 3. 30米迎面接力赛	学、练、赛、评
	2	跑：1. 快速跑（障碍跑） 2. 跑、投结合 3. 30米加速跑	学、练、赛、评
	3	跑：1. 快速跑（障碍跑） 2. 跑、投结合 3. 30米加速跑	学、练、赛、评
	4	跑：1. 负重跑（计时跑） 2. 跑、跳结合 3. 50米追逐跑	学、练、评
	5	跑：1. 各种跑组合接力赛 2. 跑、跳、投结合 3. 短距离计时跑、不同距离小组接力赛	赛、评
	6	跳：1. 加速跑+单脚跳起摸高 2. 单双脚跳游戏 3. 单脚跳、深蹲跳	学、练、评 情境式教学
	7	跳：1. 加速跑+单脚跳起越过障碍 2. 摸高挑战赛 3. 单脚跳、深蹲跳、收腹跳	学、练、赛、评 情境式教学
	8	跳：1. 原地跳+剪刀脚跨越障碍 2. 跨越式跳高（原地跨越式） 3. 跑跳结合	学、练、评 情境式教学
	9	跳：1. 直线助跑+剪刀脚跨越障 2. 助跑跨越式跳高 3. 跳投结合 4. 单脚跳、深蹲跳、弓箭步交换跳	学、练、赛、评

续 表

单元	课次	技战术（比赛）+专项体能	教学方法
基础单元	10	跳：1. 跳高挑战赛 2. 跑、跳结合 3. 台阶跳、跨步跳	赛、评
	11	投掷：1. 投掷垒球练习（投远） 2. 助跑+持轻物投远 3. 俯卧撑	学、练、评
	12	投掷：1. 投掷垒球练习（投高） 2. 助跑+持轻物投高 3. 立卧撑	学、练、赛、评
	13	投掷：1. 跳+投远 2. 跳+投高 3. 推小车	学、练、赛、评 情境式教学
比赛单元	14	1. 前踢腿跑、高抬腿、后蹬跑 2. “叫号比赛”（跳跑结合）、比赛（融合计算）	赛、评
	15	1. 摆臂、后蹬跑、弓箭步交换跳 2. 钻、翻、跨障碍物跑迎面接力赛	赛、评
	16	1. 收腹跳、双脚连续跳 2. 助跑跳远比赛	赛、评
	17	1. 单脚跳、深蹲跳、收腹跳 2. 助跑+摸高比赛	赛、评
	18	1. 助跑投远赛 2. 立卧撑、仰卧起坐、折返跑	赛、评
	19	1. 助跑投准赛 2. 收腹跳、深蹲跳起	赛、评

五、课时计划

表3–2–2

学习目标	1. 通过学练，学生能基本掌握站立式起跑，并能在不同情境中运动。同时，能在30秒内，连续高抬腿28次或以上； 2. 通过学练，学生能够根据身体的状态而进行主动的调整放松； 3. 通过学练，能够做到遵守规则、互相协助、积极谦让

续 表

教学内容	1. 站立式起跑； 2. 跑、跳结合				
重点难点	重点：重心前移，反应快速； 难点：协调蹬摆				
课的部分	教学内容	步骤与方法	组织与要求	时间（min）	次数
开始部分	课堂常规： 1. 师生问好； 2. 检查人数、服装，安排见习生； 3. 宣布本课的教学内容，学习目标； 4. 安全教育	1. 师生相互问好； 2. 教师检查学生着装，安排见习生； 3. 教师宣布本次课的学习内容及目标； 4. 教师强调安全问题	组织如图： 要求：安静，快速，整齐	2	1
准备部分	热身活动： 1. 队列练习； 2. 趣味热身跑； 3. 抱团游戏； 4. 专项热身操	1. 教师组织学生进行队列队形练习； 2. 教师组织学生进行趣味慢跑热身； 3. 教师组织进行抱团游戏，并控制场面，强调安全； 4. 教师带领学生进行专项热身操	组织如图： 要求：积极投入，认真练习	8	1
基本部分	1. 请你跟我这样做； 2. 站立式起跑 要点：屈腿开立，身体前倾，脚掌蹬地，快速摆臂	1. 趣味导入，教师通过“请你跟我这样做”的游戏引入站立式起跑的动作； 2. 学生体验站立式起跑； 3. 教师讲解示范站立式起跑的动作要领，强调重难点； 4. 教师组织学生进行小比赛站立式起跑的练习，两个不同方向练习，巡回观察，指导纠正动作	组织如图： 要求：积极参与，认真练习	10	6

续 表

基本部分	3. 穿越地雷区（跑+跳） 分层教学； 4. 传递情报（30米迎面接力赛） 情报用卡片代替	5. 教师调动队伍成四大方阵，分成8组进行，学生扮演超级战士，进入敌方阵地。 方法：踩在起跑线上，用站立式起跑快速启动，双脚跳过地雷，回到起点和下一位战友击掌则为成功一次，在7分钟内，看看你们能完成几次。 关注个体差异：教师视学生情况对学生安排针对性的辅助练习。如：起跑蹬地力不足，安排学生用力推篮球柱，体会蹬地发力。 方法：运用我们的站立式起跑+快速跑迅速跑到对面，将情报传给下一名队员，3分钟传递情报的次数最多者获胜，进行两次	组织如图： 要求：起跑积极蹬地用力，有序参与； 组织如图： 要求：遵守规则，积极起跑，鼓励队友	16	6—8
结束部分	1. 组织学生进行放松运动，模仿老师动作； 2. 总结点评本课情况，布置作业； 3. 安排收放器材； 4. 师生再见	1. 教师带领学生在音乐的伴奏下完成放松； 2. 教师整队，总结本课学练情况，提出要求，布置课后练习内容； 3. 教师安排学生收拾器械； 4. 师生再见，有序回教室	组织如图： 体操队形 要求：使紧张的肌肉和心理放松下来，消除疲劳，恢复体力	4	1

续 表

<table>
<tr><td>场地器材</td><td colspan="2">篮球场一块、音响一套、口哨一个、标志碟50个</td></tr>
<tr><td>作业</td><td colspan="2">1. 完成快速高抬腿4组，每组10秒钟；
2. 完成双手推墙，做蹬地动作，4个八拍一组，共完成4组</td></tr>
<tr><td rowspan="2">预计运动负荷</td><td>运动密度</td><td>预计心率曲线图
竖：脉搏（次）
横：时间（s）</td></tr>
<tr><td>80%</td><td> 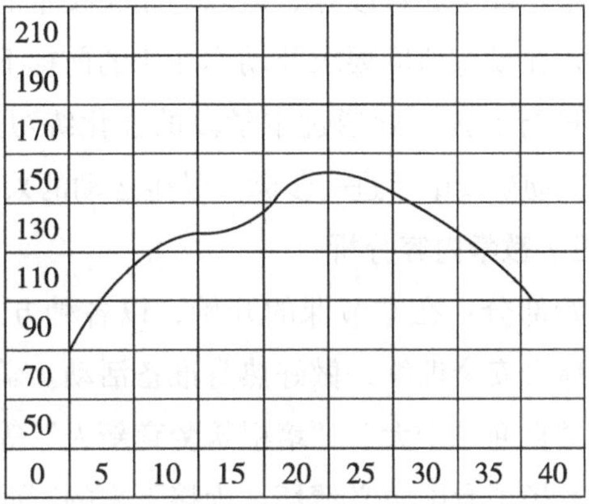210
190
170
150
130
110
90
70
50
0　5　10　15　20　25　30　35　40</td></tr>
<tr><td>课后小结</td><td colspan="2"></td></tr>
</table>

《足球——原地前额头顶球》教学设计（水平四）

一、设计思路

（一）设计理念分析

本节课坚持“健康第一”的教育理念，以激发学生的运动兴趣为目的，面向全体学生，落实“教会、勤练、常赛”要求，注重“学、练、赛”一体化教学，发展学生刻苦学练的精神。本节课以学生发展为本，创设丰富多彩、生动有趣的教学情境，帮助学生理解和掌握知识与技能，提高学生解决体育与健康实际问题的综合能力，同时，通过综合性学习评价，促进学生达成学习目标，形成核心素养。

（二）学情分析

初中的学生正处在协调性、速度等身体素质的发展敏感期，他们思维敏捷，观察、分析和动手能力都有了一定的发展，好胜心较强，做事有激情但稳定性稍差，需要教师对其进行积极引导。在本节课学习头顶球时，特意创设了升级、协作、比赛等，符合这一年龄段学生性格特点的教学方法进行教学。该学段学生已经接触过踢球、运球等相关技术的学习，但多是初步体验该技术动作，且是在没有速度要求及动作变化的前提下完成既定动作，还未能在对抗的环境中进行实践，须通过本学段的强化练习进一步提高学生展现动作的自信心，在互动游戏中，进一步激发学生运动的兴趣。

（三）教学内容分析

开始部分：在本节课的开始，以各种方式的跑动以及穿插的有趣的动作让学生体会安全训练，做好热身准备活动。学生通过学做“小小书法家”用身体书写“喜迎二十大”“培根筑梦育新人”等字拉伸的同时增强了拉伸的趣味性，并宣扬了爱国主义情怀，为接下来的正面头球做好了身心准备。学生通过各种方式自由运球，丰富学练形式，让学生在潜移默化中既活动了肢体，还愉悦了身心。

基本部分：本节课根据学生技能学习应遵循的规律，让学生从正面头球的徒手动作感受额头碰球的感觉，最后学习自抛自顶、互抛互顶动作技能，锻炼发展学生协调能力。

比赛与体能训练：为了让学生进一步体会动作，提高技术水平，该阶段设计成果展示的比赛——“头球”比赛，让学生在比赛中获得提高的同时，对自己的学习有更客观的评价，体验成功的喜悦，同时引导学生自主尝试，不断挑战，激发学生学练兴趣。本节课还通过设置一系列的身体素质练习，增加课的强度和学生的运动负荷，使学生身体素质得到全面均衡发展。

二、解决的问题

该案例在教学过程中，遵循循序渐进的教学原则，层层递进。首先利用练习口诀“前后站、手架起、身后仰、看准球、用前额、蹬地顶”指导学生进行无球练习，让学生对动作有一个初步的肌肉记忆，然后两人一组，一人持球，一人做顶球动作，明确身体姿态以及顶球位置，最后就进行单人练习和两人一组的互动练习，在练习的过程中强调动作的难点——身体稍后仰、颈部紧张、主动接球，掌握原地前额头顶球技术动作。

三、案例内容

（1）原地前额头顶球。

（2）头顶球大赛。

（3）专项体能训练。

四、案例步骤及分析

教学片段一：激发兴趣，展示自我

学生在教师的带领下完成动态热身，绕区域慢跑的过程中插入双手前后击掌、后踢腿、S形跑、侧滑步、跳障碍等热身动作，并结合“石头、剪刀、布”游戏激发自身运动热情。“小小书法家”：学生用身体书写“喜迎二十大”“培根筑梦育新人”等字拉伸身体。

案例分析：学生在教师的带领下做热身操，随着音乐的节奏和老师的口令，吸引学生的注意力，激发学生的运动热情。本节课利用“小小书法家”增强运动趣味性，并宣扬了爱国主义情怀，为学生接下来的正面头球做好了身心准备，同时让学生在比较宽松的环境中身体处于课程要求的兴奋状态，达到让学生充分做好准备活动的目标。

教学片段二：体验动作，自主学练

原地前额头顶球技术学习：

（1）讲解示范（利用动作口诀，加强学生记忆）。

（2）无球练习，通过讲解明确顶球部位，体会两脚前后开立，上体后仰，前额击球。

（3）两人一组顶固定球，明确身体姿态以及顶球位置。

（4）单人自由尝试头顶球。

（5）相距2米，两人一组，自抛自顶，一人顶球一人接（小组教学）。

（6）相距2米，两人一组，配合顶球，同时喊“3、2、1、顶”。

（7）两人一组双膝跪地，体会后仰、收腹、发力顶球。

（8）两人一组尝试双手互抛，由下向上抛到队友前额。

（9）互抛顶球，每人三次交换，强调手臂抬起，身体后仰、顶球时机及部位。

案例分析：首先，教师让学生利用口诀要领自主尝试不提任何要求，充分发挥学生在教学中的主体作用，培养学生创新、实践和自我管理能力。其次，教师运用疑问法激发学生的探索潜能，要求他们通过观察老师和同学、自我尝试、小组探究等方法掌握动作特点，让学生通过自己的视觉感受，经过思维在大脑中形成表象，在教师的讲解启发下，进行自我学习和合作学习，亲身体验和感悟动作。最后，教师巡视检验学生的学习效果，关注学困生，把学生在学练过程中出现的问题加以总结，及时反馈，表扬动作规范的学生，对动作不规范的学生进行指导并对其鼓励，让学生体会成功、增强自信心。

教学片段三：巩固技能，合作创新

（1）"头球大战"比赛。教师讲解游戏规则（分两个区域，比赛开始，将自己区域的球，用头顶球的方式顶过对方区域，1分钟后，哪个区域球少哪队为获胜方）。

（2）小结比赛结果，交换场地再比一次。

（3）体能大闯关（开合跳、小碎步、前后并步跳、持球高抬腿、持球平板支撑、持球俄罗斯转体、腿部绕球、持球仰卧起坐）。

案例分析：游戏运用背景音乐营造和谐的教学氛围，利用拦网分割两个区域，要求将本区域的球用刚刚学习的头顶球的方式投到对方区域，及时地回顾了本堂课学习的内容，让学生在对运动技能进行复习的同时也体验到了游戏的快乐。在比赛结束后小组成员一起总结比赛，培养学生的团体协作能力以及在反思的过程中养成善于思考、总结的好习惯。学生在游戏中体验到了团结合作取得胜利时的快乐与满足，教学过程也始终处于积极、活跃、主动的状态。

本节课利用闯关的形式设计体能练习，让每一位学生都积极地参与进来，将枯燥的体能练习转变为闯关的形式减轻学生的心理负担，让学生在快乐的环境下完成体能练习。

在本节课中教师不断调节学生的兴奋点，为学生创设公平竞争的环境，让学生在观察思考中得到启发和锻炼，鼓励学生勇于向困难挑战，激发其团队精神、合作精神。学生在比赛中速度加快，从而有效提高动作的协调性，在有一定负荷量的活动中促进身体健康。

教学片段四：稳定情绪，恢复身心

（1）随音乐进行放松。

（2）师生共同回顾本课，教师小结提出课后练习。

案例分析：学生在舒缓的音乐声中由兴奋的运动状态，逐渐过渡到比较安静的状态然后在悠扬的歌曲节奏下自由做放松动作，达到放松身心的目的。

五、案例评价

该案例的设计围绕“学、练、赛”一体化的思路，突出专项运动能力的提升，层层递进的练习手段，体现出专项运动技能逐步进阶的教学安排。整节课学生们都沉浸在良好、乐观的学习氛围中，在欢乐有趣的游戏中，感受团结协作取得胜利时的喜悦，充分发挥了学生的主体作用，使他们在愉快的教学氛围中，轻松地完成教学目标。

该案例在教学方法、练习手段的设计上都比较合理，遵循循序渐进的原则，从“石头、剪刀、布”“听指令做动作”两个游戏，过渡到正面头球的徒手动作，感受额头碰球的感觉，最后学习自抛自顶、互抛互顶动作技能，让学生在潜移默化中掌握技能并愉悦身心。

《立定跳远+跑跳结合接力赛》教学设计（水平四）

一、设计思路

（一）设计理念分析

本节课依据“健康第一”指导思想，以学生的发展为宗旨，采用多种教学手段激发学生参与体育活动的兴趣，注重培养学生自主创新，合作探究的意识和能力；创设开放性的课堂教学氛围，在学练的过程中开发学生的智力，培养学生的能力；在游戏中让学生掌握立定跳远的方法，使整个教学过程始终处于积极、活跃、主动的状态，让学生在掌握运动技能的同时陶冶情操。

（二）学情分析

初中的学生思维能力活跃、求知欲强、乐于表达、愿意交流；身体机能处于柔韧性、灵敏性、动力性力量、速度和有氧耐力等体能素质发展的敏感期，感觉统合能力较强些。学生在本单元学习之前，有一定的运动能力，如行走、跑步、跳跃、投掷、攀爬等，根据学生身心发育特点和教学纲要内容制定教材内容。

（三）教学内容分析

立定跳远能增强学生腿部弹跳能力，增强骨骼、关节、韧带和内脏器官的功能，还能培养学生不畏困难、勇敢和果断的意志品质。本节课结合游戏形式开展教学，以达到教学目标，提高学生身体机能。在教学中，注重引导让学生体验快速跑运动带给他们的身心改变以及超越自我的成功喜悦，注重培养学生的自主思考意识。

二、解决的问题

该案例在教学过程中利用大小方阵组织形式，将学生队伍分为四大方阵，分成八组利用大方阵的形式让学生练习立定跳远，体会动作要领，以学生为主体、教师为主导，精讲多练。方阵通过变换不同的方向，实现改变学生的学习情境以及和不同的伙伴的交流和互相学习的教学效果。教师利用激励法、表扬法、竞赛法等教学方法让教学重难点在学生喜欢的游戏中进行自我消化，让学生在欢快的氛围中学会双脚起跳、双脚落地的跳远动作，发展学生的跳跃能力。

三、案例内容

（1）立定跳远。

（2）跑、跳结合接力跑游戏。

（3）案例步骤及分析。

四、案例步骤及分析

教学片段一：激发兴趣，充分热身

学生在教师的带领下模仿小兔子、青蛙、袋鼠等动物慢跑，本节课结合适合立定跳远的专项的热身操，在动感的音乐下激发学生的运动热情，实现让学生充分热身的目标。

案例分析：学生在教师的带领下做热身操，随着音乐的节奏和老师的口令，吸引学生的注意力，激发学生的运动热情。同时，本节课利用模仿小动物的形式增强运动的趣味性，让学生在比较宽松的环境中身体处于课程要求的生理兴奋状态，实现让学生充分做好准备活动的目标。

教学片段二：勇于尝试，展示自我

（1）“高人、矮人、超人”练习。

（2）讲解示范（利用口诀：用力蹬地展身体，收腹提膝伸小腿）。

（3）分组练习（分层教学）：学生队伍为四大方阵，分成八组利用大方阵的形式练习立定跳远，先竖排后横排开始练习。分组练习关注个体差异，针对性辅助。

（4）左右两人一组进行PK。

（5）四人一组进行PK，改变学生的学习情境以及和不同的伙伴的交流和互相学习的教学效果。

（6）挑战自我，引出生活中最强大的对手其实是自己，要跟自己比赛的结论。

案例分析：首先，本节课通过简单的“高人、矮人、超人”练习，让学生对动作有一个初步的概念。自主尝试双腿发力跳离地面的感觉，充分发挥学生在教学中的主体作用，培养学生创新、实践和自我管理能力。其次，教师运用口诀帮助学生形成记忆，在多人合作练习时要求他们通过观察老师和同学、自我尝试、小组探究等学法掌握动作特点，多看、多体验，在不断的尝试中巩固动作技术，提高学生的协作能力。教师时刻关注学困生，把学生在学练过程中出现的问题加以总结，及时反馈，表扬动作规范的学生，对动作不规范的学生进行指导并对其鼓励，让学生体会成功、增强自信心。

教学片段三：巩固技能，合作创新

本节课通过“兔险家”的游戏，将全班同学分成八个小组，进行障碍接力跑，学生必须要双脚起跳跳过海绵垫，绕过雪糕桶，最后直线跑回来与下一人拍掌，看哪一组学生最快完成接力，在3分钟内，完成人数最多的一组为胜利者。

案例分析：本节课通过运用背景音乐营造活跃和谐的教学氛围，将学生分成八个小组，增加学生体验的次数。学生利用本节课所学的技能，闯过重重难关，及时地回顾了本堂课学习的内容，在对运动技能进行复习的同时也体验到了游戏的乐趣。学生在游戏中体验到了团结合作取得胜利的快乐与满足，教学过程也始终处于积极、活跃、主动的状态，同时本节课也达到了发展学生下肢力量，培养学生团结协作的精神的目的。

教学片段四：总结回顾，放松身心

（1）在老师的带领下，随音乐进行放松。

（2）师生共同回顾本课，教师小结提出课后练习。

案例分析：学生在舒缓的音乐声中由兴奋的运动状态，逐渐过渡到比较安静的状态然后在悠扬的歌曲节奏下自由做放松动作，在老师的带领下进行针对性的拉伸，减轻疲劳，达到放松身心的目的。

五、案例评价

该案例通过设计模仿小兔子、青蛙、袋鼠等动物慢跑的情境，提高学生的运动兴趣，使学生积极参与，在喜悦中进行充分的准备活动。学生为学好立定跳远技术动作，通过“高人、矮人、超人”分解动作，练习摆臂、蹬地起跳、腾空落地，从分解动作练习，逐步到完整动作练习，使动作衔接连贯、协调。本案例利用“学、练、赛、评”一体化、大小方阵组织形式、分层教学等教学主张和教学模式，精讲多练，以强化学生的感觉统合能力为切入点，以培养学生的学科核心素养为目的来设计。本案例突出学生专项运动能力的提升、层层递进的练习手段，体现出专项运动技能逐步进阶的教学安排。整节课学生们都沉浸在良好、乐观的学习氛围中，在欢乐有趣的游戏中，感受团结协作取得胜利时的喜悦，充分发挥学生的主体作用，使他们在愉快的教学氛围中，轻松地完成教学目标。

跨学科主题学习案例《植树造林最光荣》（水平四）

一、育人价值

1. 增强学生的体能和劳动技能，培养学生的劳动意识

植树造林，劳动与体育的结合，是体育与健康课程的教学内容生活化的体现。学生在体育课上学习劳动技能，再现挖坑种树、浇水、施肥的劳动场景，植树造林将体力活动和课堂连接在一起，增加体能技能教学的现实体验感与收获感，在增强学生体能和劳动技能的同时培养学生的劳动意识。

2. 提高学生的团队协作能力，培养学生解决问题的能力

植树造林，包括学生分组合作交流植物种植的相关知识，以及技能挑战比赛等内容，通过合作探究与挑战引导学生交流、互助协作，在团队的努力下完成任务，体验团队的力量，提高学生的团队协作能力，培养学生解决问题的能力。

3. 培养学生吃苦耐劳、克服困难的意志品质

植树造林，主题学习的情境创设引导学生主动参与其中，在活动的过程中发现问题、解决问题，在挑战的过程中不轻言放弃，遇到困难迎难而上，从而培养学生吃苦耐劳、克服困难的意志品质。

二、活动目标

（1）本活动综合运用劳动、体育等知识，让学生了解我国二十四节气与常见作物简单的种植知识，掌握劳动技能，发展学生肌肉力量、身体协调性等素质。

（2）学生通过模拟种植的劳动场景，培养学生组织与沟通、合作互助等能力，提高学生发现问题与解决问题的能力。

（3）学生通过体验劳动的艰辛与快乐，感悟劳动的价值，塑造以劳树德、以劳育体的价值观。

三、实施过程

表3–2–3

学习任务	学生活动	教师组织	活动意图
了解农作物种植和二十四节气的关系，了解常见农作物信息和种植的方法	① 学生通过网络或其他方式查阅资料。 ② 学生讨论、分享二十四节气与农作物的相关知识	① 教师组织学生以组为单位，课前查阅关于二十四节气和常见农作物的种植方式，让学生选出三个认为对农耕有重大意义的节气，并说明理由。 ② 教师鼓励学生讨论分享	① 学生通过了解二十四节气与农作物的相关知识，发展学生的综合能力。 ② 学生在分组合作的过程中，体验合作的快乐，培养学生的团队协作能力
讨论常见农作物的种植方式，探索并尝试模仿农作物种植	① 学生讨论交流农作物的种植方式，合作分享。 ② 模仿学习种植劳作	① 教师组织学生讨论、分享自己所掌握的创建农作物的种植方式。 ② 教师鼓励学生分享自己掌握的种植技能	① 教师通过讨论提高学生的表达能力、沟通能力。 ② 教师通过讨论提高学生的模仿能力、动手能力，发展学生体能
劳作比赛	① 挖坑种树比赛：四人一组，相距30米，模拟挖坑动作20次（锄头工具）——接力，最后把标志筒放置坑内，快者为胜。 ② 浇水比赛：四人一组，相距30米，搬运共40斤水桶，看哪组最快。 ③ 施肥比赛：四人一组，相距30米，一人俯撑于地面，另一人双手抬其脚踝，进行小推车施肥游戏	① 教师讲解比赛规则，示范劳作比赛的方法。 ② 教师鼓励学生积极参与，遵守规则。 ③ 教师利用音乐带动学生热情	① 教师通过比赛发展学生力量、协调等素质。 ② 学生体验劳动过程，感受劳动的快乐与辛苦

四、设计思路

植树造林通过“体育+劳动+音乐”的活动方式，增强学生体能并掌握技能，以农作物种植为情境，分课外和课内活动，课外活动为开放性任务。学生以小组为单位分工合作收集信息，了解二十四节气与农耕、种植的关系以及农作物的种植规律。教师通过本活动引导学生查询、讨论、探索知识，丰富学生劳动、科学知识，同时培养学生团结协作、沟通、表达的综合能力，并使学生掌握劳动技能，提升学生力量、协调等身体素质。

第四章

基地建设师资提升

第一节　师资提升实施策略

韶关市城乡之间、校际之间在义务教育师资总体水平上仍存在明显差距，已成为制约韶关市义务教育均衡发展的突出问题。2021年，韶关市初中体育与健康基地建设项目立项后，在项目组成员及基地学校的共同努力下，不断开展提升师德师风及教师专业能力的相关教学研修、培训、送教下乡交流以及跟岗学习等活动，全市初中体育与健康学科教师的教科研水平得到明显提升，教师的教学理念及专业能力显著提高，一批优秀青年教师分别在全省全市的教学技能大赛、论文评比等活动中取得优异成绩。与此同时，各县区乡镇学校教师通过一系列的培训研学及跟岗交流等活动，拓宽了视野，更新了观念。

本文分别针对交流、走教、跟岗、培训四个主题的概念界定，内涵分析，作用意义，方法手段及实施路径做出相应阐述，同时列举一些实际案例及做法，为我们基地师资队伍建设，提出一些建议。

一、教师交流

（一）交流

教师在成长过程中，面临的最大问题是“陌生”，因为“陌生”，所以对教材挖掘不深，对新教学思想领会不够，对学生抓不住，对教学方法应用不到位。为了使刚走上工作岗位的年轻教师能更快地胜任工作，成为教师中的学科带头人，学校教研组可以开展形式多样的教研活动和专家互动，开展各种探讨课的比赛，例如“课题研究展示课”“骨干教师示范课”“青年教师研讨课”“新教师出徒课”“师徒交流课”等。在教学的相互探讨中，教师在相互的交流中，要让“问题即课题、教学即研究、反思即智慧”的意识和理念成为一种教学模式，深深地烙印在自己的心中。教师间的交流应以课堂教学为切入点，深入其中，细心研究，对课堂教学注重课前“在环节上整体预设”、课中“在生成上点亮智慧”、课后“在反思中琢磨细节”的研究方向，使参与的教师在理论和实践上都有所提高和发展。同校教师之间的交流，在业务层面上，更多的是针对学生来开展的。如个别学生的特点、情绪等，还有学生成绩，以及成绩波动分析等，这是学校工作的一部分，对提高教学质量非常重要。异校教师间的交流，多半是由上级部门组织，如相互听课、评课，推广新教法，学习新软件，开展新模式等业务交流，这是推动整个地区教育教学质量不断提升的重要形式。教师之间在其他层面的业务交流，也有很多，如新老教师的交流、不同学科间的交流等，无论是对教师个人成长，还是对教师业务提高，都非常有意义。

（二）听课

教师间的相互帮助是在听课和交流中完成的，听课是年轻教师学习借鉴他人课堂教学优点、提高自己课堂教学水平、促进自身专业快速发展的重要途径。听课，特别是听老教师、经验丰富教师的示范课、公开课，对新教师走向成熟具有重要意义。我认为，在课后的相互交流中，将笔记和实践结合，无疑是年轻教师积累经验的一种重要方式。具体做法：先在小组范围内进行，由上课老师自己备课、上课，教师间相互听课，小范围内交流，发现问题，提出问题，交流问题，总结问题，再次实践，大家集体研讨，提出课堂教学中的不足和优点，针对课堂教学中发现的问题，上课教师对自己的教学设计再次进行整改，并在交流中说出自己对这节课的认识，其他教师可以针对这些研讨过程写出自己的交流心得。在“实践—交流—实践”的过程中，参与教师都能有所收获，不论是教学难点的突破，还是教材的灵活处理、课堂问题生成的处理各方面，教师会对此有更多的认识和看法，不但能深入研讨一节代表课怎么上，而且还能更深地钻研这一类课在教学时应该把握的目标和重难点等。日积月累，年轻教师最终会做到“聚沙成塔，集腋成裘”。

（三）作用意义

理论和实践的研究表明，教学后的反思对教师的成长有重要意义。波斯纳将教师的成长与其对自己经验的反思结合起来，提出了一个教师成长的公式：经验+反思=成长。这意味着，从某种意义上讲，教师光有经验的积累是不够的，同时应该对自己的经验进行剖析和研究。对于教师来说，自觉地把自己的课堂教学实践作为认识对象而对其进行全面、深入的冷静思考和总结，是一种用来提高自身的业务、改进自身教学方法的学习方式，讲究的是教中学、学中教。在多年的教学工作中，我深深地体会到会反思的教师才是会教学的教师。每位教师应该将反思落到实处，而教师交流能促进教师对自身进行深刻反思，在实际操作中可以采用如下形式：教研组内教师在家常课的基础上，选择一位教师上课，课程采用“一人主备、多人研讨、反复研磨、最终定稿”的方式进行，教师根据备课组长安排的内容精心备课，在听课和交流中实现交流对象的角色平等、交流机会的充分均衡，教师可以无障碍地参与探讨。这个过程中，每位教师都可以对课堂教学的失误之处进行系统的回顾、梳理，并对其做深刻的反思、探究和剖析，使年轻教师在没有精神负担的前提下大胆表述、大胆创新，更新教学思路，丰富他们的教学理念，提高他们的业务水平，使他们的教学在理论和经验方面逐步做到“积跬步，成百步”。

（四）方法手段

1. 促进学校教育教学改革

教师间交流能有效促进教师之间的良好教学氛围的形式，提高教学水平，提高学校的教育教学改革的成效。

2. 提升教师的专业素养

教师间的交流能够丰富教师的专业知识，提升教师的专业素养，提高教师对学生的教育质量。

3. 增强教师团队合作意识

教师间交流能够加强教师之间的合作，增强教师团队的凝聚力，提高教师团队合作意识，从而实现教师的共同发展。

（五）实施路径

1. 营造良好的教学氛围

学校要营造良好的教学氛围，促进教师之间进行交流活动，安排一些有利于加强教师之间交流的活动，以增进教师之间的情感。

2. 加强专业交流活动

学校要组织和安排一些有利于教师专业素养提升的交流活动，让教师可以通过交流活动提高自身的专业水平。

3. 建立交流平台

学校要建立合理的交流平台，让教师间可以以更方便的方式进行交流，提高交流的效率。

二、教师培训

（一）概念界定

体育教师要树立“健康第一”的指导思想，利用体育教学改善学生的心理健康和社会适合水平，要引导学生掌握基本的运动技能，使学生学会科学锻炼身体的方法，培养学生坚持课外锻炼的习惯，促进其身体素质、心理健康和社会适应能力等全面发展。所以对体育教师的培训必不可少。

劳埃德·拜厄斯和莱斯利·鲁将培训定义为：培训是一个包括获取技能、观念、规则和态度以提高员工绩效的学习过程。

本研究将培训定义为：培训是人力资源管理的一项重要工作，是指组织通过各种有计划的学习活动，使其成员在知识、技能、观念、态度及规则等方面获得提高，进而促进其现在和将来的工作绩效提高的系统活动过程。

体育教师综合性培训主要与运动单独项目培训或者某一项专业技能培训相对应。所谓的运动单独项目培训，是指整个培训是围绕着体育某个项目而开展的，它的特点是培训内容是围绕着体育某个项目而开展，是提高受训体育教师在某个项目上的相关专业能力，如现在广泛开展的校园足球教师培训，还有篮球教师培训、排球教师培训等。

（二）内涵分析

教师培训是实现教师专业化发展的有效方式之一，其目的在于帮助教师更新教育理念，提升课堂教学效果和自身素养。

体育教师素质是提高体育教学质量的第一要素，有高素质、高水平的体育教师，才有改革创新学校体育的资源。建设一支具有高尚的师德修养、先进的教育思想、良好的业务素质、结构合理、充满活力、相对稳定的专业化体育教师队伍，是保证体育新课程教学质量的基础，也是体育学科可持续发展的资源和动力。

（三）作用意义

在全面实施科教兴国、人才强国和可持续发展战略的新形势下，坚持“面向全员、突出骨干、倾斜农村、服务急需”的原则，学校在体育领域有效地开展了一系列大规模培训活动，在体育教师培训的规模、培训覆盖的范围以及培训质量等方面有了新的进展，为加强体育教师队伍建设、推动我国基础教育事业的持续健康发展做出了积极贡献。回顾近年来体育教师培训工作的实践历程和培训工作的成功经验，分析体育教师培训面临的新形势、新任务和新要求，构建和加强体育教师培训文化，对于改革创新体育教师培训工作，全面提高体育教师培训质量，打造体育教师培训品牌，提升体育教师综合素质至关重要。

（四）方法手段

“五步培训法”是一种很有效的培训方法。第一步，需求调研，把握方向。一次有效的培训应该立足于需求，它为教师培训机构制订培训计划、运用模式策略、评价质量效果等提供了依据。长期以来、很多培训机构往往只关注“培训过程”，而忽视“培训需求”，以至于培训针对性不强、实效性不高。为此，第一步，组建一支培训需求调研团队。深入中小学校，由不同学历、不同教龄、不同学段的一线体育教师采取听课、评课、调查问卷、集体座谈、个别访谈等方法开展需求调研工作。第二步，聚焦问题，合理建设。为体现教师专业化、教师为本、实践取向和终身学习的价值取向，从教师职业道德、专业知识、教学技能三个维度提出教师专业素养的基本要求，构建相应的培训课程体系。第三步，集中培训，交流学习。集中培训为教师创造一个交流学习及共同解决问题的机会，不少中小学体育教师反映，一些实践性、操作性比较强的培训促进了教学质量的提高。第四步，跟踪指导，理论提升。在集中培训过程中，参训教师们在短期内能接触到大量的现代教育教学理念、方法与技巧，但是在回到工作岗位后很难将这些理论落实到实际教学当中，因此又会陷入新的困惑中，使集中培训成为一种形式。这就要求学员要运用所学理论于教育教学实践中，并对实践行为进行梳理，重新审视，并做出理性思考。第五步，规范考核，实效反馈。为做好对体育教师培训学员的考核工作，体现培训考核全员性、全程性、全面性的原则，学校把培训考核贯穿于培训的各个方面和整个过程。考核采取理论考核与实践考核相结合、过程考核与终端考核相结合、自评与他评相结合的方式进行。

（五）实施路径

为了达到高质量、高效益的培训效果，首都体育学院提出了“五位一体”的培训模式，这一观点的提出为“国培计划”又增添了浓墨重彩的一笔。所谓的“五位一体”是指将科学的目标定位、针对性的课程设置、优质化的师资团队、多样化的教学形式以及多元化的服务项目这五个方面相结合，以更好地达到培训效果。这样大大调动了广大学员参与培训学习的积极性，分享了优质的师资培训资源，促进了培训工作的顺利开展。

图4-1-1

三、教师走教

（一）概念界定

《中国教育报》在1992年报道了关于走教的最初解释：走教仿“走学”而造，即教师到其他学校实施教学工作。王宪芳、韩景林曾将走教简单解释为“巡回教学之意气”。走教的产生是为了解决因农村教育发展的不平衡以及教师配置的不合理而带来的一系列问题。本研究中的教师走教是在“县管校聘”的统一管理体制下，由县人力资源社会保障部门同教育行政部门一起，分学段核定中小学各岗位数，以中心校为单位、以教师工作量以及不同学科的教师需求为依据来配置教师，让这部分教师在小规模学校与保留下来的必要教学点之间进行巡回教学，这种做法减少了学生花费在上学路上的时间，确保了学生的安全。

（二）教师走教内涵分析

第一，走教地点的“大地域”性掩盖走教条件的“小层级”性。城市走教教师的流入学校一般为城郊学校、县镇学校与乡村学校这三层级，出于自身利益的最大化考虑与妥协原则的较小化影响，距离城市较近的流入学校成为教师走教的首选学校，走教学校同质化特点明显。第二，职业保障政策缺乏长效吸引力与梯度激励性。走教教师是镇区中心学校与流入学校的沟通桥梁，一些走教教师的人事关系冗杂，其走教行为发生后，除编制留存于中心学校，其走教教学的绩效奖补都记录在流入学校的教育经费支出中。但在乡村学校中取得的教学成绩有时却不能作为走教教师职称评聘的有力佐证。在职称评聘中，各县域对走教贡献的量化加分并没有统一标准，对不同走教贡献教师的激励方式零散，且不易管理。第三，走教教师管理体制存在缺陷。走教管理制度关于谁来走教、走教时间长短、走教教学评价考核标准没有统一规定，走教管理专项部门的具体职责不明晰，走教体制与乡村教育政策的嵌套融合模式尚未成型，条块化管理使有限资源被碎片化利用，走教教学常陷入进退两难的窘境。

（三）作用意义

通过研究走教现状并汇总整理走教出现的问题，以及对相应对策进行分析，学者们开始把走教这一教学现象上升到理论层面，对其意义加以探究。李承志（1996）最早提出走教的实施避免了一部分兼职的非专业教师对课程的胡乱应付的现象，保证了相关学科教育教学水平与质量，学生的整体素质也得到了全面的提升与发展。樊朝钢（2008）认为，“走教”的教学模式，极大地缓解了农村小学部分学科教师缺编问题，有效地保证了村级小学能够开齐学科，开满课时。王翠等人（2012）从农村学校开发课程资源的角度出发，认为尽管目前走教制度还不成熟，但这一做法有效地开发与利用了当地的教师资源，使有限的资源得到了最大化的利用，一定程度上缓解了贫困地区学校的师资问题，是解决学校课程开设不全、师资力量单薄以及教师负担沉重等难题的有力措施。曹丽萍（2013）提出，体育教学实施“走教”改变了农村中小学体育教学体育师资不足、器材短缺的现状，也使专职体育教师树立了牢固的专业思想，给学生构建了和谐的学习氛围，使学生在诸多方面真正得到了全面的多方位的发展。张军强（2019）认为，教师走教制度打破校与校之间的界限，按照教学点和小规模学校的地理分布以及周围各个学校教师的数量余缺情况，对教师进行统一调剂调配，创新了教师调配机制，解决了农村教学点学科教师师资力量不足的问题，同时也提高了教学设施、图书资料等有限资源的利用率，在一定程度上缓解了偏远农村地区学校的教师短缺状况以及教育教学资源短缺的问题。

（四）方法手段

义务教育阶段教师走教虽然可以在一定程度上提高薄弱学校、教学点的教育教学质量，实现教师资源的合理配置，但是也出现了一系列问题，暗含危机。为了保证走教质量，使走教不“走样”，一些学者开始针对走教出现的问题提出自己的见解。笔者通过对文献进行分析梳理，将走教的对策研究概括为三大部分。

（1）建立便捷的“教师走教机制”。赵忠平等人（2015）提出中心校要根据教师及小规模学校等各方的意见进行走教安排。而走教教师进行走教的学校除了要积极为走教教师准备课堂教学的必备条件外，还应充分考虑利用已有条件满足走教教师的教学与生活需要。

（2）建立以激励为主的“管理机制”。普通教师与走教教师的管理机制应当有所区别，对走教教师要实施更加积极的管理策略，努力调动和激发走教教师对教学工作的极大热情和积极主动性，培养走教教师在走教工作中的使命感、荣誉感和成就感，这是实现走教教育教学质量提高并发展的底线。

（3）坚持服务为前提的“保障机制”。由于教师走教的特殊机制，教学过程中的“频繁走动”“巡回教学”等造成了走教教师生活上的不便与专业发展上的负担，教育部门以及学校要为教师建立相应的保障机制，并为其提供良好的后勤服务保障和必要的专业发展及成长机会。

（五）实施路径

（1）激发教师内在新乡贤属性。在乡村振兴战略中，乡村教师的新乡贤角色是指乡村教师按照党和国家“积极承担国家使命和公共教育服务职责”的期望，参与乡村社会建设、服务乡村振兴战略而表现出来的行为规范和行为模式的总和，专业性与公共性是其双重角色。

（2）实施一体化专业培养方案。教师教育应注重本土师范生的精准培养、复式教学及全科教师的重点培养，实施“师范教育兼顾乡土性+教前培训注重细致性+教后发展体现公平性”的一体化教师专业培养方案，缓解现实割裂状态，保证走教师资队伍建设的源头活力，提升走教教师与乡村场域的适配率。贯穿职业生涯的一体化专业培养是走教师资提升质量的必要手段。

（3）搭建区域走教生态平台。走教教师的师资队伍建设需完善区域走教平台，借助生态平台的云力量，在与教育生态系统的内外生态要素物质、能量和信息交换过程中形成“统一管理、动态交流、合理供需、结构优化”的教育区域网，区域走教平台的生态搭建是教师走教教学增效的关键一环。

（4）构建乡村走教制度体系。付出—回报失衡理论认为，个体在工作中所投入的心力与精力如果与工作回报不成正比，则会使个体产生工作压力。高投入个体比低投入个体更易陷入自我怀疑、职业逃离的消极情感旋涡，乡村走教制度体系的有效建构是走教师资维持稳定的重要保障。

图4–1–2

四、教师跟岗

（一）概念界定

跟岗的含义：跟着老教师干、辅助完成老教师交代的工作、辅助完成教学任务、从老教师那里学习经验。教师跟岗的内容是不同的。新教师跟岗内容：跟有经验的教师进行上课、学习、观摩，然后自己上课，接受老教师的点评，然后一次次地完善自己的课堂。薄弱教师跟岗内容：自己所在的学校比较弱，就会被安排到更好的学校去学习，跟有经验的老教师学习备课、上课、课堂重难点讲解、教学思路等。跟岗学习是让具有实践经验、治理有方的教师，在真实的学校情境脉络下，通过示范、解读和交流互动，激发学员主动学习、建构知识的学习过程。

（二）内涵分析

青年体育教师最需要的，就是自身在教学技艺上的提升，这对他们综合教学素养的提高、工作自信的培养都是至关重要的。上好一堂课，是对一名合格教师最基本的要求，提高教学水平也是青年教师迫切需要的。青年体育教师思维活跃，对新的事物接受快，特别是新课程改革更是给他们以用武之地。然而，他们的缺点也是明显的，青年体育教师教学经验太少，无法把学习到的教育理论应用于实践。跟岗教学可以提高青年体育教师教学水平，弥补他们自身经验不足的问题。

（三）作用意义

跟岗学习是中小学教师专业发展活动的关键要素。如何使跟岗学习活动不断深入开展，切实成为中小学教师专业发展的助力器，追问“跟岗学习的内涵、意义价值和实施策略”等核心问题就显得非常必要。跟岗学习的意义主要体现在以下三个方面：一是可以帮助学员获取办学实践的整合性知能，学员通过师傅教师的“示范”“教导”与“扶持”，获得办学实践的整合性知能；二是可以帮助学员内省借由，诸如“阐明”“反思”的方法，学员在心领神会的基础上加以“探究”，使学员自主地应用所学，在不同的环境中去解决相类似的问题；三是可以充分调动学员的自主性，学员们通过彼此之间的交流互动，相互启发，按照自身专业发展需求进行学习。简言之，跟岗学习的价值在于学员“在与师傅教师的互动中，将自己习得的理论、知能、原则加以对照、比较、验证和应用，并从不断的反思、探索中，修正、转化成灵活的办学知能”。

（四）方法手段

跟岗学习是开展青年体育教师培训工作的有效途径。作为新教师培训中的一环，在跟岗学习环节，指导教师应该做好“传、帮、带”工作，在职业道德上应该做好以下几点。第一，以积极影响，言传身教，逐步使青年教师具有“创新、求实、教书、育人”的教风。第二，引导青年教师严于执教，勤于学习和工作，培养他们谦逊、合作、不断进取的工作作风，让他们做到工作实、作风实、教学效果好。第三，热情关心青年教师的思想进步，帮助和勉励青年教师热爱教育事业、热爱学生、热爱学校，引导他们树立正确的价值观、质量观和人才观，增强其教书育人、以身立教的社会使命感。第四，主动热情地帮助、指导青年教师，无私地传授教育、教学经验，对课内教育、教学活动的组织，给予具体指导，对教学业务上的疑难问题，积极与青年教师切磋、讨论，做好青年教师教科研的指导工作，鼓励并指导他们在工作中改革创新，不断提高教科研能力。

（五）实施路径

第一阶段：师傅教师全方位呈现跟岗学习计划与要求。学员进入办学现场伊始，师傅教师需要对学员做有关跟岗学习全方位的整体介绍。一方面，需要介绍跟岗学习的理念与实施方式；另一方面，要根据学员的基础信息（教龄、学科、职称、岗位任职时间等），尤其是专业发展需求，帮助学员建构对教学现场的认知，统整已有的经验，鼓励学员交流沟通，激发学员发现问题与解决问题的意识，启发学员在跟岗学习中主动观察与反思。

第二阶段：师傅教师示范，学员见习。在跟岗学习的示范阶段，师傅教师要呈现自己处理任务的过程，这样学员就能够观察并建立起对完成任务所需要过程的概念模型，它揭示一个过程是如何发生的，并给出其发生的理由。换言之，师傅教师在呈现处理任务的过程中，不仅仅要呈现身体和外部技能的演示，更要关注学员认知和内部技能的获得，需要将思维和推理过程外显。

第三阶段：师傅教师指导，学员实习。在经过前两个阶段的学习后，跟岗学习进入师傅教师指导、学员实习的阶段。指导指的是师傅教师引导、支持和监督学员的工作，以帮助学员技能和理解的发展。有学者将指导描述为“贯穿于整个跟岗学习过程的线索”。师傅教师通过各种活动来指导学员，如选择任务、提供暗示、评价学员的活动，诊断学员存在的问题，为其提供鼓励，给出反馈，组织学员做事的方式，克服某种特定的弱点等。

第四阶段：师傅教师淡出，学员独立实践。学员在经过见习、实习阶段之后，需要独立地进行实践。当然，独立实践的内容要符合最近发展区理论；任务目标的设定要既能够增加学员的经验，又不会使学员产生受挫、沮丧的感觉；完成任务的途径是综合运用各种信息要素和方法，而非某一方面技能的使用。

韶冶中学陈莲老师在说课比赛中。

图4–1–3

第二节 教师跟岗培训与支教交流案例

学无止境 砥砺前行

——2021年浈江区体育新教师跟岗培训

2021年12月23日8点20分，在浈江区教师发展中心教研室副主任赖海球和区兼职教研员廖韶军的精心组织和带领下，教研基地在浈江区黄金村中小学校开展了体育新教师第三次跟岗培训。本次培训的内容分为四个环节：

（1）曹志平老师的“蹲踞式起跑”课例观摩。

（2）“蹲踞式起跑”课例评课。

（3）《体育教研论文写作》专题讲座。

（4）浈江区优秀教师代表队基本功展示。

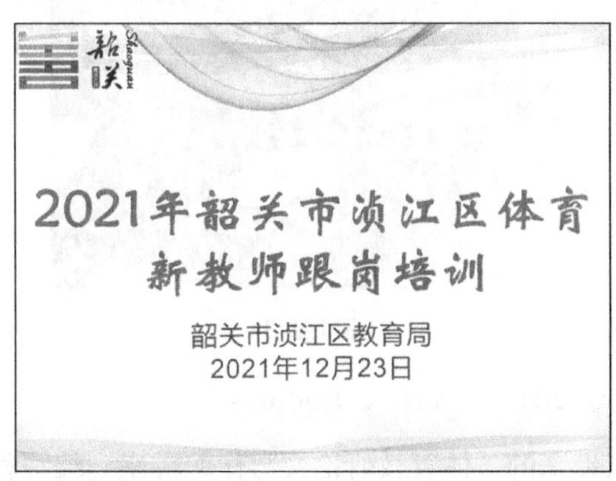

图4-2-1

环节一：曹志平老师的“蹲踞式起跑”课例观摩

韶关市黄金村小学的曹志平老师为我们带来了“蹲踞式起跑”一课。在这节课的开始，曹老师通过跑圈和热身操充分地激活了学生们的肌肉，让学生为接下来的蹲踞式起跑做足准备。

图4-2-2

环节二：“蹲踞式起跑”课例点评

在评课环节中，曹志平老师讲述了教学的设计和理念。教师们充分肯定了曹老师的教学设计，也提出了相应的建议，新教师们踊跃发言，积极地交流在本次培训中所学习到的知识。

图4-2-3

环节三：《体育教研论文写作》专题讲座

赖主任给大家带来的《体育教研论文写作》讲座。编写教案是为了全面安排好一堂课的各个教学环节，以便教师有目的、有步骤、系统地进行教学，做到心中有数，有的放矢，并全面提升教学效果。撰写教案要根据下列情况来编写：①在教学对象上，了解教学对象的情况；②在教材选择上，根据主教材的性质、特点，选配好辅助教材，并安排好练习的顺序；③在课程安排上，合理安排课的任务、内容；④在教法上，如何进行讲解示范，如何进行分解练习和完整练习，如何组织教学比赛，如何运用“启发式”和个别对待，如何结合教材进行思想教育等。

图4–2–4

环节四：浈江区优秀教师代表队基本功展示

新教师通过观摩浈江区优秀教师代表的基本功展示，进一步地让他们认识到了优秀教师所具备的各项标准。也在新教师心中种下种子，通过不断的学习、提高，每位新教师都有希望能够站上舞台展示自我为区争光。

图4–2–5

“文明其精神，野蛮其体魄”，携手同行，为成为一名优秀的人民教师而努力。

教师培训实施方案

——2022年韶关市浈江区初中小学体育教师培训实施方案

一、培训目标

通过此次培训，促进体育教师提高师德师风、使命感和责任感，理解新课程标准及其精神，掌握新的体育与健康课程教学理念，增强体育教师开发青少年体育与健康教学手段及方法的能力，强化体育教师体育教学安全防范意识，提升体育教师的学科核心素养和体育课堂教学执行能力，提高体育教师的教育科研能力，进一步提高体育教学质量。

二、培训对象、时间和地点

（1）培训对象：中小学体育教师共50人。

（2）培训时间：2022年11月，培训共分为3个阶段：

第一阶段：11月2、3、4、5日；

第二阶段：11月11、12、13、14日；

第三阶段：11月17、18、19、20日。

（3）培训地点：

第一阶段：东鹏中学、韶关市第八中学、韶关市风采实验学校、韶关市第三中学；

第二阶段：执信小学、和平路小学、建国路小学、浈江小学；

第三阶段：吴礼和中心小学、黄金村中心小学、韶冶中学、韶关市第十三中学。

三、培训方式

采取专题讲座、案例分析、现场实操、交流研讨等方式开展培训。

四、培训课程安排

第一阶段课程安排（11月2、3、4、5日）。

表4–2–1

<table>
<tr><th colspan="2">时间</th><th>模块</th><th>培训专题</th><th>授课教师</th><th>备注</th></tr>
<tr><td rowspan="2">2022–11–02</td><td>上午</td><td>报到开班+专业知识</td><td>《义务教育体育与健康课程标准修订说明》解读</td><td></td><td></td></tr>
<tr><td>下午</td><td>专业知识</td><td>新课标背景下体育与健康课程现代课程资源建设与利用</td><td></td><td></td></tr>
<tr><td rowspan="2">2022–11–03</td><td>上午</td><td>教学能力</td><td>新课标下体育与健康课堂构建研讨</td><td></td><td></td></tr>
<tr><td>下午</td><td>教学能力</td><td>基于核心素养的小学球类教材结构化教学实施</td><td></td><td></td></tr>
<tr><td rowspan="2">2022–11–04</td><td>上午</td><td>教研能力</td><td>中小学体育教研新形势之说播课</td><td></td><td></td></tr>
<tr><td>下午</td><td>应急能力</td><td>体育课堂常见运动损伤及应急处理</td><td></td><td></td></tr>
<tr><td rowspan="2">2022–11–05</td><td>上午</td><td>教学能力</td><td>小学体能游戏的创编与实践</td><td></td><td></td></tr>
<tr><td>下午</td><td>教学能力</td><td>“落实学科核心素养提升课程执行力”体育课堂示范与演练</td><td></td><td></td></tr>
</table>

第二阶段课程安排（11月11、12、13、14日）。

表4–2–2

<table>
<tr><th colspan="2">时间</th><th>模块</th><th>培训专题</th><th>授课教师</th><th>备注</th></tr>
<tr><td rowspan="2">2022–11–11</td><td>上午</td><td>报到开班+教学能力</td><td>《新时代下如何备课上课》</td><td></td><td></td></tr>
<tr><td>下午</td><td>教研能力</td><td>《听课评课的策略与方法》</td><td></td><td></td></tr>
<tr><td rowspan="2">2022–11–12</td><td>上午</td><td>教学能力</td><td>《制订学年、学期计划的若干注意事项》</td><td></td><td></td></tr>
<tr><td>下午</td><td>教学能力</td><td>如何布置体育课后作业</td><td></td><td></td></tr>
<tr><td rowspan="2">2022–11–13</td><td>上午</td><td>教学管理</td><td>体育训练队的建设</td><td></td><td></td></tr>
<tr><td>下午</td><td>教学能力</td><td>如何上室内体育课（含体育与健康理论课）</td><td></td><td></td></tr>
<tr><td rowspan="2">2022—11—14</td><td>上午</td><td>教研能力</td><td>核心素养下田径教学内容变革创新</td><td></td><td></td></tr>
<tr><td>下午</td><td>师德师风</td><td>强政治重师德铸师魂——努力做中华民族“梦之队”的筑梦人</td><td></td><td></td></tr>
</table>

第三阶段课程安排（11月17、18、19、20日）。

表4-2-3

时间		模块	培训专题	授课教师	备注
2022-11-17	上午	教研能力	课余训练与竞赛的指导		
	下午	教研能力	大课间的组织与编排		
2022-11-18	上午	教研能力	教学研究与科研的基本方法		
	下午	教研能力	如何撰写论文		
2022-11-19	上午	教研能力	如何做课题		
	下午	教育理论	现代教育理论学习和实践		
2022-11-20	上午	教研能力	国家（省）质量监测结果应用培训		
	下午	教学研究	如何打造体育的“一校一品”或“一校多品”		

小学体育与健康学科教研活动

2022年3月3日上午，在武江区小学体育与健康学科教研活动中，广东北江中学正高级教师、广东省名教师工作室主持人沈长春老师，在至和小学开展《市义务教育小学体育与健康学业水平监测结果分析及应用》的交流讲座。

图4-2-6

2022年9月14日上午，在武江区小学体育与健康学科教研活动中，武江区体育与健康兼职教研员白贞在至和小学开展《市义务教育小学体育与健康学业水平监测结果分析及应用》的交流讲座。

图4-2-7

2022年9月14日上午，在武江区小学体育与健康学科教研活动中，武江区德体卫艺股副股长袁盛在至和小学开展《义务教育体育与健康课程标准（2022年版）在小学阶段的实施》的讲座。

图4-2-8

2022年9月28日上午，在武江区中学体育与健康学科教研活动中，韶关市第十四中学副校长、韶关市体育与健康兼职教研员曾艳平在韶关市第十五中学开展《领会课改精神，实现体育课程育人价值》的讲座。

图4–2–9

初中体育与健康教研基地送教下基层活动

为提高韶关市体育教学水平，提升韶关市体育课教学质量，2022年3月29日，关于开展广东省基础教育教研基地项目初中体育与健康教研基地送教下基层活动暨韶关市中小学体育与健康教学观摩活动在乐城第一小学举行。参加此次活动的人员有韶关市教育局体卫艺科长彭水林，教研员黄春神、余卫平，曲江区教研员谢国剑、廖韶军以及全市小学体育教师。

图4-2-10

正式上课前，分发手环监测整堂课学生的活动心率。

图4-2-11

河南小学谢美林老师在本次活动中展示了“足球脚背运球”这一课，本节课主要学习脚背正面运球。课堂上谢老师示范到位，讲解清晰，同时采用游戏和小组结合的教学形式让学生在游戏中体验和学习技术动作。

图4-2-12

乐园小学朱必蒋老师给我们带来的展示课是“障碍跑”。课中朱老师以红军长征为主线，结合障碍跑和音乐，让学生既学习了障碍跑技术，又在音乐的熏陶下感受到了革命先烈长征的不易。赋予了本节课运动性强、趣味性浓的特色。

图4-2-13

梅花小学陈如英展示的是“韵律操”。本课采用小组教学形式引入小动物，让学生掌握韵律操的基本动作和律动，其间，采用小组比赛的方式让学生相互学习、比拼。

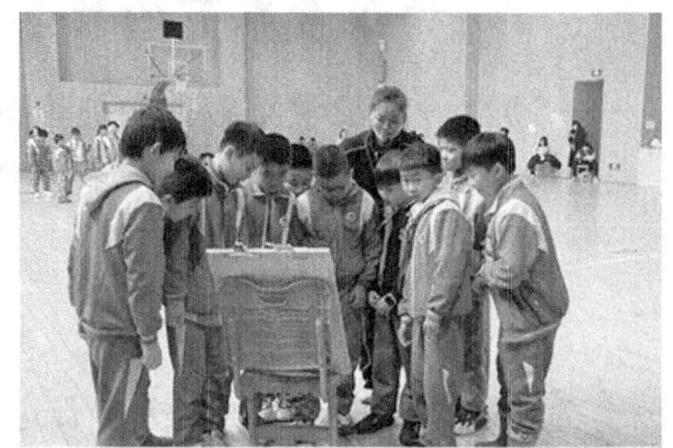

图4-2-14

核心素养下的教学技能竞赛活动方案

——2021—2022学年第一学期中国教育工会翁源县龙仙中学委员会在核心素养下的教学技能竞赛活动方案

为进一步推进课堂教学改革，促进教师业务水平与教学能力的提高，为学校教师提供展示自我和互相学习的平台，推动课堂教学研究，促进教学质量的不断提高。经研究决定，由中国教育工会翁源县龙仙中学委员会主办、翁源县龙仙中学教导处、教研室承办，针对全校工会会员开展核心素养下的教学技能竞赛活动。

一、活动时间

在2022年10—11月进行。

二、参赛对象

全体担任学科教学的工会会员。

三、具体做法

（1）教学技能竞赛分为预、决赛两个阶段，预赛是由各教研组组织“人人登台”的教学技能竞赛活动，并在2022年10月11—30日进行，决赛由教导处、教研室组织，时间另行通知。

（2）各教研组通过“人人登台”的教学技能竞赛活动，推选出一名本组优秀教师参加校教学技能竞赛决赛。

（3）各教研组成员（含任课行政）务必参加“人人登台”的教学技能竞赛活动的全过程，含听课、评课等活动。教学技能竞赛预赛安排表于2023年3月21日前提交两份到教导处。

（4）教学技能竞赛的授课老师应提前将上课时间调至本组成员无课时进行，评课由教研组组长和驻组行政共同组织本组成员参加。

（5）各组教学技能竞赛活动结束后应将课堂评价表、教师参加活动的情况、参加决赛人员的名单交到教导处。

（6）每个教研组推荐一人参加决赛，参加决赛的教师在智慧课室或录播室利用相关设备进行授课。

（7）每个教研组的所有公开课（含预赛、决赛）均需根据教师信息技术应用2. 0培训中所选的能力点进行授课，每个能力点至少有一节以上的公开课的课堂实录、课件、教学设计。公开课必须有安排表，听课、评课的记录，活动照片，研讨内容等。

（8）初赛各学科组负责行政。

表4-2-4

科组	语文	数学	英语	化学	政治	历史	生物	地理	美音	信息技术	体育
初中	梁兰花	王永添	梁小燕	黄镜星	陈伟玮	陈增福	梁传耀	廖伟明	高云菲	赖庆财	许伟华
高中	蔡洁霞	何琼英	王素英	黄镜星	陈永红	何志群	刘茂荣	廖伟明			许伟华

四、教学技能竞赛活动奖项设立与奖励办法

（1）教学技能竞赛活动决赛设立一、二、三等奖，其中一等奖2名，各奖励300元；二等奖4名，各奖励200元；三等奖13名，各奖励150元，其余为鼓励奖，各奖励100元。

（2）获奖教师在教师评优评先及毕业班任课教师工作安排等方面具有优先权。

第五章

基地建设课外作业

第一节　课外作业实施策略

2020年9月22日上午，国务院新闻办公室举行新闻发布会，会上强调，体育课也要布置作业。2020年10月15日，中共中央、国务院办公厅印发《关于全面加强和改进新时代学校体育工作的意见》中指出："合理安排校外体育活动时间，着力保障学生每天校内、校外各1个小时的体育活动时间，促进学生养成终身锻炼的习惯"。2021年3月15日，发布的《中华人民共和国国民经济和社会发展第十四个五年规划和2035年远景目标纲要》中强调："保障学校体育课和课外锻炼时间，以青少年为重点开展国民体质检测和干预。"2023年3月17日，广东教育头条公布义务教育阶段课程计划表：语文总课时排第一，体育与健康排第四。可见体育与健康课程的重要性日益凸显，体育课外作业不仅是体育教学的助手，更是学生健康成长的助推器。

一、体育课外作业的概念

目前对于体育课外作业还没有形成统一、明确的概念界定，相关概念也比较多，如体育课外作业、体育家庭作业、体育作业等概念所指向的具体含义存在共同点，也存在一定的差异。

（一）词典对作业的定义

《辞海》中对作业的界定是，为完成生产、学习等方面的既定任务而进行的活动；《实用教育大辞典》中对作业界定是，为完成学习任务，由学生独立从事的学习活动，包括课内作业与课外作业两种，是课堂学习的继续，常用来巩固、消化、理解或迁移课上已学过的知识，是课堂教学工作的延续，是教学工作的重要组成部分。

（二）相关文件对体育课外作业的定义

在《教育部关于加强初中学业水平考试命题工作的意见》中对体育课外作业的定义包括两个方面：一方面是指体育教师为完成体育教学目标而布置的学生课外完成的体育学习任务；另一方面是指为了帮助学生掌握课堂体育知识与技能，养成体育锻炼习惯而进行的体育学习行为。

（三）国外对体育课外作业的定义

可瑞对体育课外作业进行诠释，认为体育课外作业是学生利用课余时间锻炼身体，不受学时和课时的限制。学生完成体育课外作业的各种锻炼目标有助于丰富自身课余生活，提高自身身体素质和身心健康水平。体育课余作业使学生对体育运动产生兴趣，为培养学生体育锻炼习惯和终身体育意识打下基础。

（四）专家对体育课外作业的解析

体育课外作业是为了更好地达成体育课程目标，根据学生自身的特点和体育教学计划的要求，有目的、有针对性地安排学生在课堂以外完成的教学任务，是体育课教学内容的补充和拓展。体育课外作业能有效对体育课堂教学内容进行巩固与消化，学生能够进一步对课堂教学内容进行掌握，并养成终身锻炼的习惯，发挥学生参与体育锻炼的主动性。

体育课外作业既是学生课内学习的课外延伸与强化，同时又是学生巩固课堂所学技术和技能的渠道与方式。体育课外作业是校内体育活动的延续，为学生健康成长提供了必要的运动锻炼时间，是培养学生自觉锻炼意识和习惯的有效途径及增强学生身体素质的有效手段，更是增进学生与家长感情和培养学生独立人格的重要途径。

综上所述，体育课外作业是国家教育改革背景下的一项新的教育举措，是学生根据教师的指导利用课余时间为巩固和扩展体育课上的学习任务进行的一种身体练习。这种身体练习不受学时和课时的限制，不受场地和天气的限制，可在学校、家里或社区进行，学生可以独立完成、小组协作完成或与家长共同完成。其目的是为丰富学生的课余生活、提高学生的身体素质和身心健康水平，为培养学生的体育锻炼习惯和终身体育意识打下基础。

二、体育课外作业内涵分析

体育课外作业是学校课程的重要组成部分，是连接课内学习与课外学习、学校教育与家庭教育的基本教学形式，是提升学生课程学习效果的重要途径，对促进体育课程的有效实施以及学生的健康发展具有重要意义。

体育家庭作业可以看作体育教师根据体育课程的内容要求、学生的身心成长特点，所制定的适合学生在课余或节假日进行的体育活动方案。体育家庭作业的参与主体包括学生、家长、体育教师和班主任。学生是体育家庭作业的主要完成者和受益者，家长是体育家庭作业的参与、协助与支持者，体育教师是家庭体育作业的设计者，班主任是家庭体育作业的协调者。

随着体育教育制度的改革，学校通过布置体育家庭作业，让学生对体育的学习越来越感兴趣。体育教师结合学生的实际情况，为学生制定合理的、有效的、有休闲娱乐性质的活动，让学生在课外活动时间，通过这些活动增强学生的身体素质，愉悦学生的精神，让学生不论在校内还是在校外，都能感受到运动的快乐，让学生每天都以新的面貌进行新知的学习。

三、体育课外作业的类型

（一）锻炼型作业

锻炼型作业包括：加强上肢力量的练习，如俯卧撑、引体向上；加强下肢力量的练习，如深蹲、收腹跳；提高核心力量的练习，如平板支撑、俄罗斯转体；提高心肺功能的练习，如慢跑、骑自行车等。这些锻炼型作业对学生体育锻炼意识的培养有很大的帮助。

（二）阅读型作业

阅读型作业包括：阅读体育项目的历史发展；了解体育人物的成长故事；欣赏精彩的体育赛事。通过这一类型的作业，不仅可以让学生了解体育历史，学习体育人物的拼搏精神，更能激发学生对体育的学习兴趣。

（三）技能型作业

技能型作业包括：篮球的多形式运球、排球的多角度垫球、足球的多部位颠球、乒乓球的多方式发球、体操的多动作组合，这些技能型作业有助于学生专项技能的提高。

（四）计时计量型作业

计时型作业，如跳绳60秒、慢跑30分钟；计量型作业，如深蹲20个、仰卧起坐40个。教师在布置计时计量型作业时，要依托现代化技术平台，完成上传、检查、评价等任务，达到布置作业的目的。

（五）小组合作型作业

能够激发学生完成体育作业的动力。教师可以设置学习小组组长，学生在组长的安排下通过互相督促、互相帮助、互相交流、互相鼓励等手段完成作业，不仅能有效地避免学生偷懒现象的发生，而且可以提高学生完成作业的效率。

（六）发展兴趣型作业

教师可以根据学生的兴趣爱好，也可以根据学校的体育特色，进行发展兴趣型作业的布置。例如学校的特色是足球，那就有针对性地、循序渐进地布置足球的相关性练习，有助于提高学生对足球运动的兴趣，更有利于学校体育特色的发展。

四、体育课外作业的布置策略和方法

课外体育作业可以在文化课作业的休息时间内完成，从而达到劳逸结合的目的。这样不但不会增加学生负担，反而有助于学生的文化课学习，但要控制作业难度和量度，并且有适当的娱乐性，让学生愉悦地完成课外体育作业。

（一）布置策略

（1）布置体育课外作业要以体育教学内容学习为依据，要结合学生的不同爱好和特点，要让学生完成作业的条件简单易行。

（2）布置体育课外作业要能帮助学生学会体育锻炼的原理与方法，要与体育考核项目相结合，要能帮助学生制定适合自己的锻炼方式和计划。

（3）布置体育课外作业要充分利用多媒体设备和网络资源，要让学生学会通过查阅动作要领、竞赛规则等信息来巩固所学的技术动作，教师要利用好过程评价和结果评价来掌握学生的学习情况。

（4）布置体育课外作业要得到家长的大力支持和配合，教师要经常向家长宣传体育作业的重要性和必要性。

（二）布置方法

1. 作业卡布置方法

教师每周（每月）给学生发放体育作业卡，学生每天放学回家按照作业卡上的内容进行练习，每完成一项任务在对应位置打钩记录，并由家长签字确认，确保每天的锻炼落到实处。

2. 微信群布置方法

教师根据教学进度在班级家长微信群布置体育课外作业，家长按照教师要求上传学生完成作业的小视频，教师在群里评价，这样可以形成“你追我赶”的良好学习氛围。

3. 智能平台布置方法

教师根据智能平台的运用范围，让学生下载适宜的智能平台。学生根据教师在平台上布置的作业进行练习、上传练习视频，教师根据学生提交的作业及时在平台上对其进行评价。

五、体育课外作业的设计思路

（一）设计要“一课多层”

体育课堂教学内容较多，学生在课堂上完全掌握所学知识与技能是不可能的。因为学生有效学习的时间不足，学生的运动负荷处于分散状态，学生对运动技能的掌握基本停留在泛化阶段，再加上学生的接受能力有差异，所以体育教师在设计课外作业时就要设计出“一课多层”的作业来供学生选择。

例如，今天学习了“篮球原地运球”，教师在布置课外作业时就要设计出“一课多层”的课外作业，针对不同层级的学生设计不同的学习内容，帮助学生接近和穿越“终极目标”，使学生获得更进一步的发展。课上已熟练掌握原地运球的学生可以练习下节课将要学习的行进间运球动作，仍未掌握的学生则继续练习原地运球。

在不同层面目标的环境中，学生的学习效果会更好。

（二）设计要多学科融合

2022年义务教育体育与健康课程标准的课程内容中包括“跨学科主题式学习”，无外乎就是学科之间的融合。基于此理念，体育教师在设计课外作业时，要挖掘体育与其他学科间的联系，并以体育为主融合其他学科设计课外作业。

例如“体育+音乐”。课程设计选择一些积极向上、有不同韵律的音乐，搭配不同节奏的运动。慢节奏的音乐，配上太极拳的练习；快节奏的音乐，配上高抬腿的练习，学生根据音乐不同韵律变换组合动作练习。全网流行的间歇式有氧运动、燃脂操，就是通过“体育+音乐”来提高运动的趣味性。

例如“体育+物理”。课程设计在学习田径“投掷实心球”之前，可以布置学生思考“投掷实心球的最佳出手角度是多少”等问题，引导学生学会用物理思维去分析问题，并将所学知识运用到实际问题的解决中，以促进体育与物理知识的融会贯通。

新颖的作业形式让学生在学习、认知方面发生改变，也更好地将学科间的知识、技能进行融合，拓展体育课外作业的意义与价值。

（三）设计要有情境化

课外作业情境化，就是将学科要解决的问题信息蕴含到特定的情境中，设计多育融合的体育作业，让学生综合运用已有的知识经验，有效处理与解决问题。例如在设计篮球投篮练习时，就可以创设一个将“体育+美育”融合的情境化主题活动，如“模仿你最爱的篮球明星投篮比赛”，在比赛中学生可以穿上自己最喜爱的明星的球服（或者在校服上用不干胶贴纸贴上明星头像和球衣号码）扮演球星，进行投篮比赛。这样的情境设计，不仅可以调节学生的比赛心理，更能提高学生自我激励的能力。

（四）设计要形成“作业链”

现在都在推行大单元教学，那么体育教师在设计体育课外作业时就要与课堂教学内容相结合，组成一个单元的作业链，甚至一个学期、一个学年的作业链。

例如，“排球垫球”单元教学，教师就可以形成一个单元作业链：步法j108练习—抛垫固定球50个以上练习—抛垫左右移动球50个以上练习—个人对墙移动垫球50个以上练习—两人移动对垫球50个以上练习。在形成作业链之前，教师要根据学生对动作的掌握情况适时调整作业链，一般以强化与巩固学生动作技能和体能练习为主。作业链不仅能巩固和检验课堂学习目标，也能让学生体验成功的喜悦。

六、体育课外作业的实施路径

（一）实施要求

1. 课外体育作业的内容要循序渐进

体育课外作业的内容要由简到繁，由易到难，遵从循序渐进的原则；内容既不能过于单一，否则会不利于学生创新能力的发展，也不能过于复杂，容易让学生失去信心，无法坚持运动。

例如，将游戏融入课外作业中，作业内容不仅不会单一也不会复杂。那些传统的体育游戏：踢毽子、跳皮筋、滚铁环、跳房子，虽然有些久远，但也可以让学生体会到体育锻炼的乐趣，同时也能增进同学之间的友谊。

2. 课外体育作业的数量要定额细化

体育教师在设计与布置课外作业时要基于课堂学习内容，以定量细化的练习来将作业落地成型。

例如，完成引体向上的作业。教师给学生的作业卡上要注明数量、完成日期、时间等要数，即做多少组引体向上、每组完成多少个、每组的间隔时间为多少、每周完成几次、完成后的心率为多少。这些要数对学生提出非常明确的练习数量和要求。以定量细化的方式来设计与布置课外作业有利于学生有的放矢地去进行自我锻炼。

3. 课外体育作业要鼓励学生自我探究

现在的学生都非常有自主意识，而且表现欲也较强。因此，教师在设计课外体育作业时，要多鼓励学生进行自我探究。

例如，篮球投球练习。由于学生身高、力量、方向感、弹跳力都存在差异，投篮的方法就会不一样。教师在布置课外体育作业时，只需要要求投篮的准确率达到多少而不限定投篮方式，对于投篮准确率高的学生鼓励他在课堂上与同学们分享自己的投篮技巧。自我探究的作业设计方式有利于更好地激发学生的体育运动主观能动性。

4. 课外体育作业要鼓励家长监督指导

记录体育课外作业的完成情况，家长就是一个很好的帮手，不仅可以避免学生偷懒不做或人为地减少作业难度或数量，而且可以增进亲子关系。

例如，完成平板支撑作业。教师可以在家长微信群告知家长具体的作业要求和完成时间、方式。由于平板支撑作业有一定动作要求，家长可以指导学生动作是否规范，平板支撑越往后对学生的意志力要求也越大，如果有家长在旁边进行鼓励也会提高学生完成作业的信心。总的来讲，家长的监督和指导方式有利于提高学生体育课外作业的完成率和完成自觉性。

5. 课外体育作业要和竞赛相结合

教师在布置与设计体育课外作业后，要适当地举行相关作业的竞赛，以激发学生练习的积极性。比赛可以每月一次或每周一次。

例如，选择一节天气好的体育课，来组织一场“作业PK赛”，让学生们自己组队、自己制定比赛规则、自己安排裁判。比赛的内容可以有多个，例如“掷实心球、1分钟跳绳、1分钟仰卧起坐”等，对每个项目进行排名，第一名得10分，第二名得9分，以此类推，计算总分，看谁得分最高，奖励为“周冠军”“月冠军”称号。以竞赛来检验体育课外作业的完成情况，不仅能让学生享受体育作业带来的快乐，更能激发学生体育锻炼的兴趣与积极性。

6. 课外体育作业要与考试、国测项目相结合

不论是教师还是学生，在体育教学中最关心的就是考试成绩和国测成绩。因此，教师要有计划地将考试项目和国测项目合理地分配到每周的体育课外作业中去。

例如，体育中考。由于体育成绩要计入中考总分，这必定会引起教师、家长及学生的高度重视。那么九年级的体育教师在布置课外体育作业时，就可以结合中考体育项目，布置一些任务让学生在家练习，如原地高抬腿、仰卧起坐、立定跳远、平板支撑、俯卧撑、篮球运球、足球运球等，要求每人每天选2—3项进行循环练习（原地高抬腿40秒—俯卧撑20个—篮球运球15米往返4次）。为了提高学生的心理素质和临场考试经验，体育教师还可以利用课余时间对学生进行模拟考试，通过测试及时了解学生完成课外作业的情况，同时，也可提高学生临场发挥的能力。

7. 课外体育作业要重视过程评价和展示

课外作业要有布置就必须要有评价。教师对不同类型的作业可采用不同的评价方式，如：对锻炼型作业、计时计量型作业可以采用“口头评价”；对阅读型作业可以进行“展览性评价”；对发展兴趣型作业可以采用“发展性评价”，评价内容必须多元化，必须重视对学生的作业态度、能力提高的评价。对于学生完成作业的情况，教师应对学生进行优秀作业展示，不仅要在“班级展示”，更要在“校园展示”。

例如，“健美操”教学结束后，优秀作品不仅要在“班级展示”，还要进行“校园展示”，实现“一校多品”的艺术氛围。

（二）实施路径

1. 借助微信平台

传统体育作业检查只是评价“结果”，对于作业的过程管理则处于失控状态。微信发布体育作业、线上回收作业和线上指导的方式，不仅可以确保课外作业发挥其应有的作用，而且能提高作业课后辅导高效性。

（1）借助微信平台布置和回收体育课外作业

教师通过微信布置作业，将课堂教学延伸至课外，提高学生对体育的兴趣；教师通过微信回收作业，营造课外体育学练的氛围，提高学生完成作业的积极性。

（2）借助微信的视频录像功能解答学生的疑问

体育课外作业有别于其他文化科的课外作业，不是在纸和笔之间就能完成批改的，需要有肢体的活动才能完成。微信的视频功能很好地解决了这一问题。通过视频，师生之间可以随时随地交流技术动作；通过录像，学生可以随时随地进行技术动作回看，巩固技术动作。

2. 依托体育智能APP

（1）借助智能APP尊重学生个体差异性

由于体育教师普遍缺乏分层设计体育作业的理念和技能，从而削弱了体育课外作业的效果。学生存在个体差异，因此教师在布置作业时，既要让能力强的学生更进一步，又不能让能力较弱的学生失去学习信心。

体育智能APP能根据学生的身体形态、机能和运动技能水平对学生进行差异化处理，可以是相同项目不同标准，也可以是相同难度不同内容。

例如，布置发展下肢力量的练习，能力强的学生可以选择负重深蹲的作业，能力稍弱的学生可以选择蹲跳起的作业；布置发展耐力素质的练习，耐力好的学生可以选择大强度的间歇性训练练习，耐力较弱的学生可以选择定速长距离慢跑的练习。这样既可以达成锻炼目标，也能使学生体验到成功感，激发学生的锻炼热情。

智能APP能助力学生产生较高的过程性体验，使学生把身体运动的情境、摸索、顿悟与领会注入其中，从而获得自信的体验、能力的肯定与意志的养成，让运动形成常态化。

（2）借助智能APP帮助学生选择适合的学习环境

由于学生有不同的性格类型，体育智能APP可以提供个性化的学习环境，让学生可以选择适合自己的环境进行学习。

例如，内向的学生可以选择在无人的环境练习，外向的学生则可以选择在有观众的环境练习，这在一定程度上也是对学生个性的尊重。

（3）借助智能APP拓宽教师的评价思路

体育课外作业在监督和评价方面具有滞后性和不客观性，容易忽视学生的个体差异。体育智能APP就具有解决此类问题的功能。体育智能APP具有系统性和一体性，重视体育模块的设计和开发，包括资料上传、运动处方设置等内容，具有强大的教、研、学、评的一体化功能。

例如：天天跳绳APP，针对学生完成的情况，教师就可以发表客观的评价。

七、体育课外作业的作用意义

为了提高学生身体素质，体育课外作业的布置非常必要，仅仅40分钟的体育课是不能够满足学生的锻炼需求的。体育教师要有目标地延伸体育课堂教学内容，布置多元化、可选择的体育课外作业；家长要引导监督学生完成体育课外作业，家校联动合作，为促进学生健康成长，培养学生终身体育意识，共同担起青少年体育课外作业的责任。课外体育作业是时代的呼唤，是进行体育教育改革、提升体育教育质量的必然诉求。

（一）体育课外作业有利于落实“教会、勤练、常赛”课程理念

《义务教育体育与健康课程标准（2022年版）》中的课程理念第二点：体育与健康课程依据学生的学习需求和兴趣爱好，面向全体学生，落实“教会、勤练、常赛”要求，注重“学、练、赛”一体化教学。课外体育作业就是通过“勤练”使学生熟练掌握运动技能，培养学生运动能力。

目前，我国学校体育场地器材基本无法满足学生的体育学习需求，课堂练习时间就更加难以得到保障，而学生对体育运动技能的掌握需要大量的反复练习、充足的练习时间。课外体育作业可以不受课堂时间与空间的限制，起到巩固课堂所学知识的作用。学生只有通过课外体育作业的“勤练”，才能熟练掌握运动技能，才能高质量地进行“常赛”。课外体育作业的开展是对学生“勤练”的积极干预与指导，是进一步强化学校体育工作、促进学生身心健康、实

现学生全面发展的重要举措。

（二）体育课外作业有利于推进一体化体育课程

《国务院办公厅关于强化学校体育促进学生身心健康全面发展的意见》中明确提出："建立大中小学体育课程衔接体系"，建设以"纵向衔接、横向一致、内在统一、形式联合"为基本内涵的一体化体育课程体系，会使体育课堂教学更加科学与规范，促进学校体育的全面发展。

课外体育作业对于一体化体育课程"纵向衔接、形式联合"均有推进作用。

1. 有利于一体化体育课程内容上的"纵向衔接"

"纵向衔接"的课程内容要落地，必须是在学生掌握前次课程内容的基础上才能更好衔接。体育课堂教学的练习时间、场地器材、教学组织等因素难以使所有学生通过一节课就学好教学内容，所以需要课外体育作业帮助学生掌握前次课程所学内容，为下次课程内容的衔接做好准备。

2. 有利于一体化体育课程内容上的"形式联合"

课外体育作业对于学生在某专项运动对知识（体育知识、健康知识等）、能力（基本运动能力、专项运动能力、运动观赏能力等）、行为（健康行为、品行）及健康（健康状态）四个目标的达成均有益处。一体化体育课程是大课程观，其育人的空间、时间及修学类型都是不限的。课外体育作业完成的空间是不限的，只要是在体育课堂外的时间，可以在校内完成体育作业，也可以在校外（家庭、社区、俱乐部等）完成体育作业。课外体育作业有必做作业，也有选做作业。课外体育作业作为一体化体育课程"形式联合"的一个"窗口"，可以使体育课程一体化更有成效。

（三）体育课外作业有利于深化教育改革

2021年，第八次全国学生体质与健康调研数据显示：中小学生体质健康优良率上升，身体形态指标向好，肺活量及身体素质好转，但也发现视力不良和近视率偏高、超重肥胖率上升、握力水平有所下降、大学生身体素质水平下滑等一些亟待解决的问题。

最近出台的"双减"政策为学生课外体育作业提供了时间保障，体育作业使得"双减"后学生课余时间有了更健康的利用方式，在一定程度上可以避免学生沉溺于电子产品，减少视力不良、近视率以及肥胖率等不良现象。"双减"与课外体育作业是相辅相成的，"双减"为课外体育作业提供了时间保障，课外体育作业为“双减”后的课余生活提供了健康、丰富的活动内容。从这个意义上来讲，课外体育作业是深化教育改革的有力帮手。

（四）体育课外作业有利于全面育人

学校体育目标是实现全面育人，“以体育人”成为当下体育工作者关注的焦点。体育对人的“身、心、社、德”全面健康发展乃至生命意义具有深远影响与重要价值，任何一门课程都难以像体育那样健全人的人格、促进人的全面发展。

体育不仅仅是身体教育，更是生命教育，可以使生存更有保障、生活更有质量、生命更有意义。学校体育培养的是幸福快乐的人、体魄强健的人、人格健全的人、意志坚强的人。课外体育作业作为学校体育全面育人的“桥梁”，有助于学校体育全面育人目标的实现。科学合理的课外体育作业有助于学生体育锻炼习惯的养成。

科学研究表明有体育锻炼习惯的人更容易成为幸福快乐的人。科学合理的课外体育作业，不仅可以让学生养成体育锻炼习惯，而且可以培养学生顽强拼搏、永不言败等精神品质。总之，课外体育作业有“育身”和“育心”的全面综合“育人”价值，是全面育人的“桥梁”。

（五）体育课外作业有利于推进家校合力

体育教育阵地并非局限于学校，家庭也同样对学生的体育教育产生重要影响。但目前家庭在体育教育方面的缺失，使家、校未形成合力，未建立起联合促进机制。家庭和学校的教育与引导对提升学生健康素养起着至关重要的作用，得到父母支持的学生体质健康达标优良率高于没有得到父母支持的学生。

课外体育作业是在课外时间完成的学习任务，主要在家庭等体育场所完成，这就将学校、家庭有机联系起来，使得课外体育作业成为家、校协同育人的有力抓手。

由此可见，课外体育作业与家、校协同是相互关联的，课外体育作业使家、校联合成为有抓手的活动，家、校协同又为课外体育作业的高质量完成提供条件保障。学生完成课外体育作业会对身边家人产生潜移默化的影响，有助于家庭体育的开展。作为社会的一分子，每个被影响到的人参与体育活动的可能性便增加了，这也有助于社会体育的发展。

附件：

体育与健康课外作业（体能素质）卡。

附表5-1-1

________学年度　第____学期　第____周

<table>
<tr><th>时间</th><th>当天是否有体育课</th><th>热身活动</th><th>技术练习</th><th>体能练习</th><th>放松练习</th><th>心率</th><th>备注（自我评价）</th></tr>
<tr><td>周一</td><td></td><td></td><td></td><td></td><td></td><td></td><td></td></tr>
<tr><td>周二</td><td></td><td></td><td></td><td></td><td></td><td></td><td></td></tr>
<tr><td>周三</td><td></td><td></td><td></td><td></td><td></td><td></td><td></td></tr>
<tr><td>周四</td><td></td><td></td><td></td><td></td><td></td><td></td><td></td></tr>
<tr><td>周五</td><td></td><td></td><td></td><td></td><td></td><td></td><td></td></tr>
<tr><td>周六</td><td></td><td></td><td></td><td></td><td></td><td></td><td></td></tr>
<tr><td>周日</td><td></td><td></td><td></td><td></td><td></td><td></td><td></td></tr>
<tr><td>作业选项</td><td colspan="7">A：热身活动：①肩部运动；②一人或者两人压肩；③拉伸上身韧带。
B：技术练习：
男生（引体向上）：①直臂悬挂1分钟；②屈臂悬挂30秒；③澳式引体每组20次，做2组；④悬挂抬腿每组15次，做2组；⑤悬挂前摆每组15次，做2组；⑥牵引带辅助引体向上每组10次，做2组；⑦引体向上8—15个。
女生（平行梯悬挂攀移）：①直臂悬挂45秒；②牵引带辅助攀移；③澳式引体每组20次，做2组。
C：体能练习：①立卧撑×15；②仰卧起坐×20；③平板支撑45秒；④杠铃练习（卧推、哑铃、提拉）可一周1次。
D：放松练习：①静力拉伸；②两人一组拍打按摩放松。
E：雨天室内：TABATA间歇性训练（上肢或者腰腹力量组合）</td></tr>
<tr><td>作业说明</td><td colspan="7">1. 你可根据自己的身体情况每个主内容选择1—2项练习内容，并根据自己身体素质自定完成的次数（注意量不要过大也不要过小）。
2. 你在每次练习时要做好准备活动，并选择好练习场地，只要你比上一次完成的好即可得A。
3. 星期一至星期五练习时间20—30分钟，星期六、日练习时间为60分钟以上。
4. 每天练习可以约上父母或者朋友一起，练习完成后注意及时放松</td></tr>
</table>

体育与健康课外作业（××项目）打卡表。

附表5-1-2

姓名	星期一	星期二	星期三	星期四	星期五	星期六	星期天
小明同学							

备注：完成即打√

脉搏曲线。

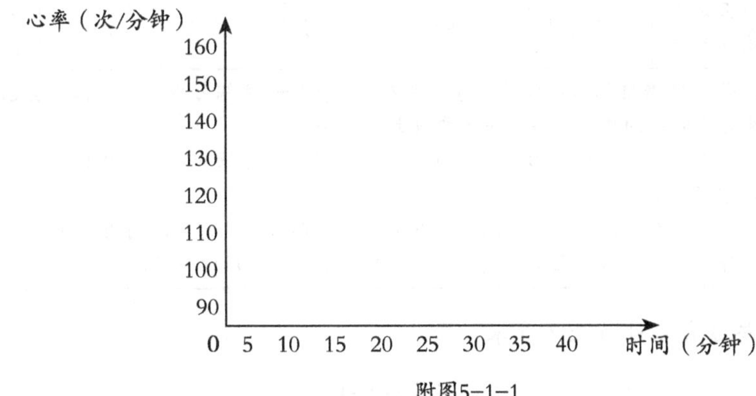

附图5-1-1

备注：学生可佩戴运动手环记录监测数据，亦可手动监测描绘脉搏曲线。

参考：每次锻炼运动密度应不低于50%，平均心率原则上在140—160次/分钟。

体育与健康课外作业（田径）卡。

附表5-1-3

________学年度 第____学期 第____周

时间	当天是否有体育课	热身活动	技术练习	体能练习	放松练习	心率	备注（自我评价）
周一							
周二							
周三							
周四							
周五							
周六							
周日							
作业选项	A：热身活动：①蛇形跑、螺旋形跑；②跑的专门性练习：原地摆臂、小步跑、高抬腿、后踢跑；③行进间组合性准备动作；④拉伸：单杠辅助正压腿、侧压腿；⑤跳的专门性练习：单脚跳、跨步跳、一步踏跳。 B：技术练习：①起跑：蹲踞式起跑—加速跑；②快速跑：均速跑60—80米、变速跑80—100米；③耐力跑：间歇性中长跑400—600—800米；④接力跑：迎面接力—传接棒练习；⑤蹲踞式跳远；⑥双手正面投掷实心球。 C：体能练习：①跳台阶；②开合跳×20；③25米折返跑×8；④TABATA间歇性训练。 D：放松练习：①静力拉伸；②配合轻音乐深呼吸放松。 E：雨天室内：观看田径比赛视频（奥运会、世径赛等）						

续 表

时间	当天是否有体育课	热身活动	技术练习	体能练习	放松练习	心率	备注（自我评价）
作业说明	1. 你可根据自己的身体情况每个主内容选择1—2项练习内容，并根据自己身体素质自定完成的次数（注意量不要过大也不要过小）。 2. 你在每次练习时要做好准备活动，并选择好练习场地，只要你比上一次完成的好即可得A。 3. 星期一至星期五练习时间20—30分钟，星期六、日练习时间为60分钟以上。 4. 每天练习可以约上父母或者朋友一起，练习完成后注意及时放松						

体育与健康课外作业（武术）卡。

附表5-1-4

________学年度　第____学期　第____周

时间	当天是否有体育课	热身活动	技术练习	体能练习	放松练习	心率	备注（自我评价）
周一							
周二							
周三							
周四							
周五							
周六							
周日							
作业选项	A：热身活动：①慢跑；②基本准备活动；③行进间小步跑；④行进间高抬腿；⑤交叉步；⑥弓步跳；⑦内外翻胯；⑧跃步跳；⑨行步跑。 B：柔韧练习：①杠上压腿；②下叉；③压脚背；④下腰。 C：技术练习：①健身棍；②五步拳；③健身操；④少年剑；⑤英雄少年。 D：体能练习：①登山跑30秒；②立卧撑×20；③抱膝跳×15；④20米蛙跳×2； E：放松练习：①静力拉伸；②按摩放松， F：雨天室内：①观看武术套路比赛视频；②学习武术套路竞赛规则						
作业说明	1. 你可根据自己的身体情况每个主内容选择1—2项练习内容，并根据自己身体素质自定完成的次数（注意量不要过大也不要过小）。 2. 你在每次练习时要做好准备活动，并选择好练习场地，只要你比上一次完成的好即可得A。 3. 星期一至星期五练习时间20—30分钟，星期六、日练习时间为60分钟以上。 4. 每天练习可以约上父母或者朋友一起，练习完成后注意及时放松						

体育与健康课外作业（足球）卡。

附表5-1-5

________学年度　第____学期　第____周

<table>
<tr><th>时间</th><th>当天是否有体育课</th><th>热身活动</th><th>技术练习</th><th>体能练习</th><th>放松练习</th><th>心率</th><th>备注（自我评价）</th></tr>
<tr><td>周一</td><td></td><td></td><td></td><td></td><td></td><td></td><td></td></tr>
<tr><td>周二</td><td></td><td></td><td></td><td></td><td></td><td></td><td></td></tr>
<tr><td>周三</td><td></td><td></td><td></td><td></td><td></td><td></td><td></td></tr>
<tr><td>周四</td><td></td><td></td><td></td><td></td><td></td><td></td><td></td></tr>
<tr><td>周五</td><td></td><td></td><td></td><td></td><td></td><td></td><td></td></tr>
<tr><td>周六</td><td></td><td></td><td></td><td></td><td></td><td></td><td></td></tr>
<tr><td>周日</td><td></td><td></td><td></td><td></td><td></td><td></td><td></td></tr>
<tr><td>作业选项</td><td colspan="7">A：热身活动：①协调性练习：绳梯、体能环、小跳架；②球感练习：脚掌拖拉球、推拉球、脚内侧横拨球；③行进间组合性准备动作。
B：技术练习：①直线、曲线运球；②脚内侧传接球；③头顶球；④脚背内侧传高远球、射门；⑤脚背正面射门；⑥胸部接空中球；⑦二过一战术配合（直传斜插、斜传直插、回传反切）；⑧小场地比赛。
C：体能练习：①立卧撑×15；②开合跳×20；③25米折返跑×8；④TABATA间歇性训练。
D：放松练习：①静力拉伸；②配合轻音乐深呼吸放松。
E：雨天室内：观看足球比赛视频（天下足球等）</td></tr>
<tr><td>作业说明</td><td colspan="7">1. 你可根据自己的身体情况每个主内容选择1—2项练习内容，并根据自己身体素质自定完成的次数（注意量不要过大也不要过小）。
2. 你在每次练习时要做好准备活动，并选择好练习场地，只要你比上一次完成的好即可得A。
3. 星期一至星期五练习时间20—30分钟，星期六、日练习时间为60分钟以上。
4. 每天练习可以约上父母或者朋友一起，练习完成后注意及时放松。
教材选自：华东师范大学出版社《体育与健康》</td></tr>
</table>

第二节　课外作业实施案例

韶关市曲江初级中学体育课外作业布置实施方案

一、体育课外作业布置的背景

1. “双减”政策的出台

“双减”政策的战略目标：构建教育良好生态，促进学生全面健康成长。

2. 习近平总书记的讲话精神

“文明其精神，野蛮其体魄。”

3. 提高学生身体素质

提高学生身体素质，是学校体育教学的重点，也是一个难点。学生在校时间短，要在学校教育的有限时间内保证学生每天一小时的体育活动时间，扎实有效地提高学生身体素质，是学校体育教学的重点，也是一个难点。有效的体育课外作业的布置为学校教育完成这一艰巨任务，提供了不可或缺的补充和帮助。

二、体育课外作业布置的意义

1. 能有效提高体育课的教学质量

体育课外作业是有效促进体育教学内容的补充与体育教学质量的提高的一项措施。目前，中学每周只有3节体育课。学生想在短短的40分钟内掌握所学的运动技术与技能，使身体得到充分的锻炼是不可能的。因此，教师通过布置与课堂相结合的体育课外作业，使学生体育课堂学习得以延续至课外，让学生在课后对所学内容进行复习与练习，解决体育课时间不足的问题，帮助学生更好地掌握运动技术与技能，提高课堂教学质量。

2. 能培养学生良好的思想品德和养成终身锻炼的习惯

体育课外作业是巩固体育课教学成果的重要组成部分，既可以锻炼学生的身体，增强学生的体质，使学生掌握一定的体育技术和技能为终身体育服务，又可以使学生从繁重的学习压力中解脱出来，起到劳逸结合的作用，还可以培养学生不怕困难、持之以恒、自觉刻苦的良好思想品德和终身锻炼的习惯。

作业布置原则：

（1）安全第一。作业内容以易开展的练习为主，尽量减少对器材的使用，在运动之前，学生首先查看场地有无安全隐患，认真做好热身运动；在剧烈运动之后，学生不宜大量饮水，最好能有家长陪同共同进行体育锻炼。

（2）全面发展。作业在体育锻炼方面的内容要注重力量、速度、柔韧、灵敏等全方位的练习，以复习课的内容、增强学生身体素质、趣味性练习激发学生兴趣为主。

（3）循序渐进。身体素质和运动技能的提升不是一朝一夕能形成的，是从简单到复杂逐渐发展起来的，作业在练习的内容方面要逐步增加运动量和运动强度，让学生循序渐进地进行锻炼。

（4）倡导亲子。作业借助学校室外场地开放、社区健身广场等公共体育场地倡导家庭亲子共同锻炼，希望家长身体力行，帮助孩子养成良好的健康锻炼习惯。

体育作业布置内容：

当天有体育课的班级，由体育教师根据当天课程内容布置相应课外作业内容，以加强对当天所学内容的复习、巩固。

当天没有体育课的班级（节假日同没体育课，寒、暑假另行安排）要求学生从指引中选择练习内容进行练习。

仁化县实验学校体育课外作业小结

体育课外作业设计的背景：中共中央办公厅、国务院办公厅《关于全面加强和改进新时代学校体育工作的意见》明确提出，要合理安排校外体育活动时间，除着力保障学生每天校内1个小时体育活动以外，以体育作业等方式确保每天校外1小时体育活动，促进学生养成终身锻炼的习惯；要综合利用公共体育设施，将开展体育活动作为解决中小学课后“三点半”问题的有效途径和中小学生课后服务工作的重要载体。广东省教育厅等九部门关于印发《广东省关于落实中小学生减负工作的实施方案》的通知指出，“培养孩子健康生活习惯。安排学生每天进行户外锻炼，鼓励支持孩子参加各种形式的体育活动，培养1—2项体育运动爱好，引导孩子从小养成良好锻炼习惯，积极参加各类社会实践活动，拓宽孩子视野，培养学生积极乐观的心理品质”。

目前，普通的中小学生在校时间短，要在学校教育的有限时间内保证学生每天1小时的体育活动时间，扎实有效地提高学生身体素质，是学校体育教学的重点，也是一个难点。有效的体育课外作业的布置为学校教育完成这一艰巨任务，提供了必不可少的补充和帮助。在校内，我们可以通过体育课以及大课间4:30活动和课后服务体育特色课等方式让学生进行练习和提升，体育课外作业是对体育教学的补充与促进体育教学质量提高的一项措施。就目前中小学每周只有3—4节体育课的现状来说，学生想在短短的40分钟内掌握所学的运动技术与技能，使身体得到充分的锻炼是不可能的。那么，通过布置与课堂相结合的体育作业，使学生体育课堂学习得以延续至课外，让学生在课后对所学内容进行复习与练习，弥补体育课时间不够的不足，帮助学生更好地掌握运动技术与技能，提高课堂教学质量就显得极其必要。

为了布置体育课外作业，我们对七到九年级学生进行了问卷调查，共有299份有效问卷，从问卷调查的情况反映，90%的学生认为有必要布置家庭作业，其中有91%的同学有完成过体育课外作业。跳绳、篮球、足球以及垫上技巧等练习是体育课外作业的主要练习项目，大部分学生对于体育课外作业是喜欢的，这让我们设计以及布置课外作业有了坚实的基础。兴趣是最好的老师，学生们进行体育课外锻炼的时间主要在下午和周末时间，每周完成一次，每次时间在30分钟左右；进行体育锻炼的场所主要在学校（校内）和家里（校外）。35%的学生认为布置家庭作业没有影响其他学科学习，经过体育课外作业的布置的63%的学生感觉自己身体素质有所提升。

一、体育作业类型

学生根据不同项目进行选择特色卡，我们根据华东师范大学出版社《体育与健康》内容设计足球卡、篮球卡、田径卡、体能素质卡等。

学生足球卡作业展示：

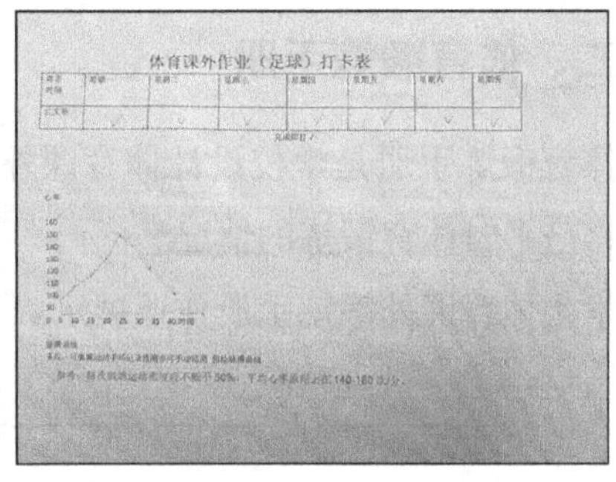
体育课外作业（足球）打卡表

图5-2-1

学生田径卡作业展示：

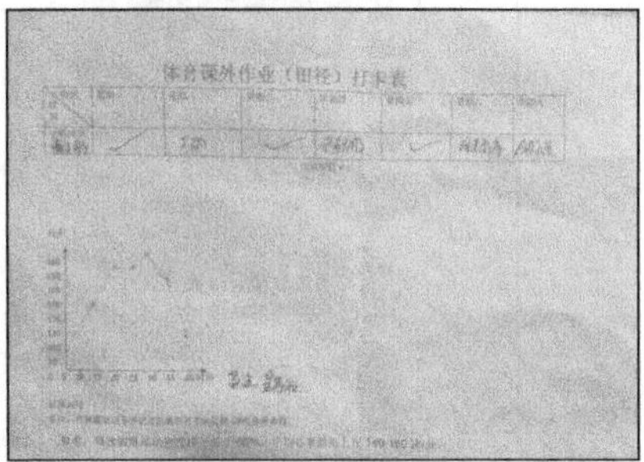
体育课外作业（田径）打卡表

图5-2-2

学生体能素质卡作业展示：

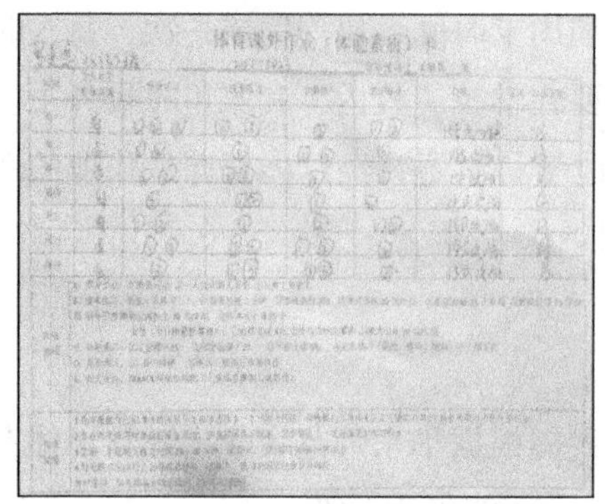

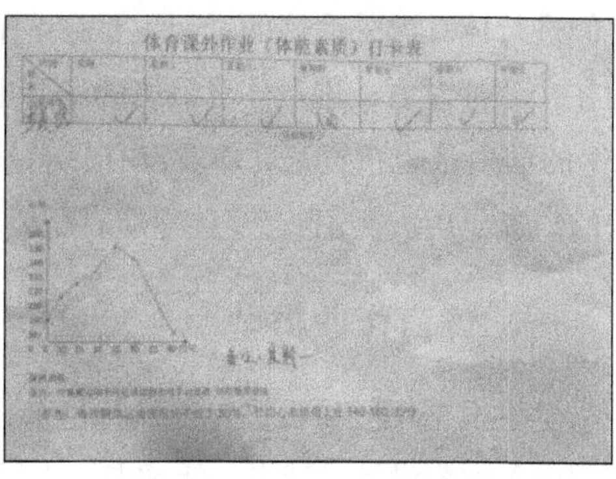

图5-2-3

二、体育锻炼手册

体育锻炼手册是学校设计体育课外作业的另外一个特色，用于学生记录和评价自己平时体育锻炼的情况。

学生体育课外锻炼手册作业展示：

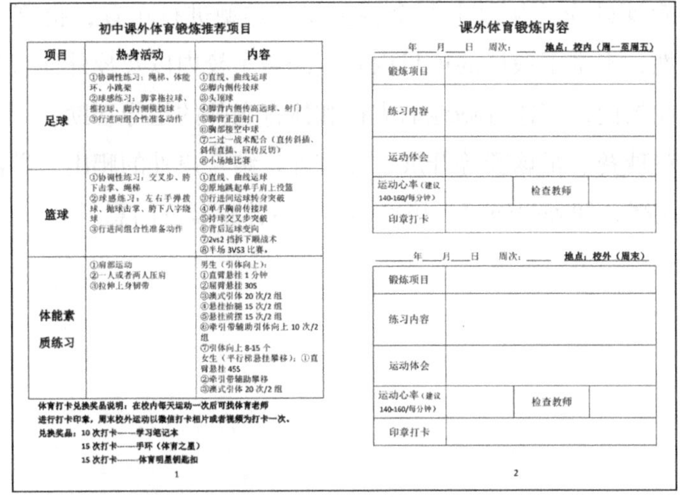

初中课外体育锻炼推荐项目

项目	热身活动	内容
足球	①协调性练习：绳梯、体能环、小跳架 ②球感练习：脚掌拖拉球、推拉球、脚内侧横拨球 ③行进间组合性准备动作	①直线、曲线运球 ②脚内侧传接球 ③头顶球 ④脚背内侧传高远球、射门 ⑤脚背正面射门 ⑥胸部接空中球 ⑦二过一战术配合（直传斜插、斜传直插、回传反切） ⑧小场地比赛
篮球	①协调性练习：交叉步、胯下击掌、绳梯 ②球感练习：左右手弹拨球、抛球击掌、胯下八字绕球 ③行进间组合性准备动作	①直线、曲线运球 ②原地跳起单手肩上投篮 ③行进间运球转身突破 ④单手胸前传接球 ⑤持球交叉步突破 ⑥背后运球变向 ⑦2vs2 挡拆下顺战术 ⑧半场 3VS3 比赛。
体能素质练习	①肩部运动 ②一人或者两人压肩 ③拉伸上身韧带	男生（引体向上）： ①直臂悬挂 1 分钟 ②屈臂悬挂 30S ③澳式引体 20 次/2 组 ④悬挂抬腿 15 次/2 组 ⑤悬挂前摆 15 次/2 组 ⑥牵引带辅助引体向上 10 次/2 组 ⑦引体向上 8-15 个 女生（平行梯悬挂攀移）：①直臂悬挂 45S ②牵引带辅助攀移 ③澳式引体 20 次/2 组

体育打卡兑换奖品说明：在校内每天运动一次后可找体育老师进行打卡印章，周末校外运动以微信打卡相片或者视频为打卡一次。

兑换奖品：10 次打卡——学习笔记本

15 次打卡——手环（体育之星）

15 次打卡——体育明星钥匙扣

1

课外体育锻炼内容

____年___月___日　周次：____　**地点：校内（周一至周五）**

锻炼项目			
练习内容			
运动体会			
运动心率（建议 140-160/每分钟）		检查教师	
印章打卡			

____年___月___日　周次：____　**地点：校外（周末）**

锻炼项目			
练习内容			
运动体会			
运动心率（建议 140-160/每分钟）		检查教师	
印章打卡			

2

图5–2–4

学生体育锻炼打卡兑换的奖品展示：

图5–2–5

学校体育课外作业从以上两个特色作业类型进行布置，提高了学生体育锻炼的积极性，丰富了锻炼的项目内容，涵盖了校内以及校外体育活动，形成了一体化。在校内，有体育场地的支持和体育老师的指导帮助，同时结合学校体育节校园篮球赛、足球赛等开展；在校外，结合户外的爬山、游泳、骑自行车，室内的跳绳、仰卧起坐等，培养学生终身体育锻炼的意识。

第六章

基地建设阳光体育

第一节　阳光体育实施策略

一、阳光体育概念界定

学生的体质健康水平令人担忧且呈不断下降的趋势，这一状况引起了党和国家的高度重视，为了全面提升学生的体质健康水平，2006年12月21日，教育部、国家体育总局、共青团中央联合发布《关于开展全国亿万学生阳光体育运动的通知》，决定从2007年开始，在全国各级各类学校中深入地开展全国亿万学生阳光体育运动（以下简称阳光体育运动），让全国亿万学生热爱体育运动，在全国掀起群众体育锻炼的热潮，以全面提升亿万学生的体质健康水平。“阳光体育”的概念也由此产生。

阳光体育是全面贯彻党的教育方针，落实“健康第一”指导思想，把“健康、运动、阳光、未来”作为宣传口号，深入研究体育的育人价值、育人功能和育人模式，探讨以体育为手段实施素质教育和促进学生全面发展的途径的体育运动。

二、阳光体育运动的发展

为了深入推广阳光体育运动，在全国各级各类学校大力开展群众性体育活动，引导全国亿万学生热爱体育运动，积极进行健康向上的群众性体育活动，全面提升学生的体质健康水平。2007年4月26日，《关于全面启动全国亿万学生阳光体育运动的通知》（教电〔2007〕212号）文件下发，要求全国各级各类学校要保证学生每天一小时体育锻炼，阳光体育运动要在全国各级各类学校全面启动，让全国亿万学生参与阳光体育运动。

2007年5月7日，《中共中央国务院关于加强青少年体育增强青少年体质的意见》文件下发，为学校开展阳光体育提供有力的政策保障和支持，该文件对各级各类学校深入推广阳光体育运动具有指导的作用，让各级各类学校把开展阳光体育运动和全面提升学生体质健康结合起来。

2007年11月6日，教育部和国家体育总局以承办北京奥运会为契机，为大力宣传北京奥运会，提高全国亿万学生的身体素质，培养学生顽强意志品质，决定在全国各级各类学校范围内发起亿万学生冬季长跑活动，让阳光体育与奥运同行，掀起“迎奥运”锻炼的新热潮。自此以后，学生冬季长跑活动的开展成为常态，每年全国各级各类学校都会举办学生冬季长跑活动，并把冬季长跑活动作为阳光体育运动的一项重要内容。

2011年7月8日，教育部下发《切实保证中小学生每天一小时校园体育活动的规定》的文件，首次提出了在各级各类中小学校要开展阳光体育大课间活动，并把开展阳光体育大课间活动作为阳光体育运动的一项重要内容。还要求各行政教育主管部门要对各级各类中小学校开展的阳光体育大课间活动进行考核，把阳光体育大课间活动纳入中小学校体育工作中。

2012年10月22日，《国务院办公厅转发教育部等部门〈关于进一步加强学校体育工作若干意见〉的通知》（国办发〔2012〕53号）文件，再次强调各级各类学校推广阳光体育运动的重要性，并要求各级各类学校根据各学校实际情况科学制定好阳光体育运动方案，认真组织好阳光体育运动。同时，提出各级各类学校阳光体育运动要根据学生需求科学开展。

2017年4月，中共中央、国务院印发了《中长期青年发展规划（2016—2025年）》，并发出通知，要求全国各级各类学校要深入地开展阳光体育运动，开展一系列青年喜欢的阳光体育运动，让青年热爱体育锻炼，并养成终身体育的习惯，让青年将坚持体育锻炼作为一种生活方式，让体育成为一种时尚。

2021年4月19日，《教育部办公厅关于进一步加强中小学生体质健康管理工作的通知》（教体艺厅函〔2021〕16号），要求中小学校把阳光体育运动拓展到校外，要求中小学校在组织好学生校内的阳光体育运动前提下还要对学生校外体育锻炼进行干预，要保证学生在校内、外各有1小时的体育活动时间。

2022年7月6日，为了进一步促进中小学生健康成长，让“双减”政策得到落实，《关于提升学校体育课后服务水平促进中小学生健康成长的通知》文件下发，要求学校要认真开展课后体育服务，把体育类活动课程作为课后服务基本的、必备的形式之一，对中小学生校外体育锻炼方面进行了相关要求。

三、阳光体育运动内涵分析

（一）阳光体育运动内涵

“阳光体育运动”中的“阳光”本意为太阳上的核反应发出的黑体辐射光，又象征着健康、希望、期待之意，深层含义是身体强健，意志坚强，充满活力。

“阳光体育运动”中的“体育”是一种有意识、有目的、有组织的社会活动。“体育”主要是增强人类体质、提高人类运动能力、改善人类生活方式与提高人类生活质量的社会活动。

“阳光体育运动”中的“运动”原意是为达到某种目的而进行的工作，既指群众性活动，也泛指人体的活动。

因此，“阳光体育运动”可以理解为我国为了提高全国亿万学生体质健康水平，有组织地开展的一项有意义的社会活动，也是我国加强全国学生体育学习的一项重要工作。

（二）阳光体育运动具体要求

阳光体育运动对各级政府的要求：各级政府在学生阳光体育运动开展过程中要起主导作用，把开展学生阳光体育运动工作纳入各级政府工作发展规划中，使其切实履行开展学生阳光体育运动的职责，完善各部门共同参与的开展学生阳光体育运动制度，统筹解决开展学生阳光体育运动工作中出现的问题。

阳光体育运动对各级行政部门的要求：各级行政部门要把开展阳光体育运动的工作当成全面推进素质教育的最重要的一项工作去做，负责开展阳光体育运动具体指导工作，加强开展阳光体育运动工作的组织领导、统筹整合资源和经费保障，健全地方阳光体育督导评价体系和各项制度，掀起全员参与的群众性体育锻炼的热潮。

阳光体育运动对学校的要求：第一，加强对阳光体育运动的宣传教育和引导，严格落实国家规定的开展阳光体育运动的要求；第二，保证开展阳光体育运动时间；第三，完善阳光体育运动评价考核体系，将开展阳光体育运动工作纳入学校的日常管理中；第四，根据学校实际情况科学制定好阳光体育运动方案，要根据学生实际需求科学开展阳光体育运动，认真组织好阳光体育运动。

阳光体育运动对学生个人的要求：①学生要热爱体育锻炼，树立正确健康观，养成终身体育的习惯，形成健康的生活方式，让体育成为学生追求的一种时尚；②学生保证每天在校内和校外都要有一小时的体育锻炼时间；③学生在体质健康水平方面要达到合格以上；④学生要修满学校要求的体育学分；⑤学生要至少掌握一至两项运动技能。

（三）阳光体育运动主要组织形式

阳光体育运动主要组织形式包括阳光体育大课间活动、各类学生体育竞赛活动、体育艺术节、课外体育活动、学生体育俱乐部、课余体育训练、课后体育服务430、学生体育社团、冬季长跑活动等。

（四）阳光体育运动的组织实施

首先，要加强组织领导。开展阳光体育运动要由全国阳光体育运动领导小组统一组织和领导，由他们统一制定出全国阳光体育运动实施细则。其次，各级各类学校根据阳光体育运动实施细则成立相应的以校长为组长的领导小组，按全国统一部署的要求，制定出相应的阳光体育运动方案和措施，加强对阳光体育的宣传教育和引导，严格落实国家规定的开展阳光体育的要求，保证开展阳光体育活动时间，完善阳光体育评价考核体系，将开展阳光体育工作纳入学校的日常管理中。最后，阳光体育运动要时刻围绕“达标争优、强健体魄”的目标来开展，保证学生每天在学校有一小时体育锻炼时间，严格按照国家课程标准要求开齐、开足并上好体育与健康课，确保体育与健康课和校园体育活动不因任何理由而被挤占。

四、阳光体育运动作用意义

（一）有效地提高学生的体质健康水平

1. 阳光体育运动对学生身体健康发展有着积极的影响

体育运动可以增强人体中枢神经系统，从而促进人体大脑皮层兴奋，使人体神经系统的均衡性和灵活性得到改善，使人体大脑皮层的判断综合能力得到提升。阳光体育运动在调节人体中枢神经系统的兴奋和抑制的过程中，可以使人体机体灵活地适应外部环境的变化，使学生具有更强的适应能力；阳光体育运动对人体的生长发育有促进作用，可以促进人体运动系统的机能、内脏器官机能、肌肉控制能力等的增强和提高，让学生更加强壮，更有精力；阳光体育运动还能增强人体心脏和循环系统的功能，从而使人体呼吸系统的机能得到增强，改善呼吸系统的功能；阳光体育运动还能促进人体内物质的代谢，减少心血管疾病的发生；经常参与有规律的阳光体育运动还能增强人体自身的免疫系统，人体通过体育运动可以改善血液循环系统、呼吸系统、消化系统功能状态，有利于人体增强抗疾病能力，有效提高学生的身体健康水平。

2. 阳光体育运动对学生体质的提升有着积极的作用

阳光体育运动增强学生心肺功能，持续的运动使肌肉持续收缩，在这个过程中，心、肺和循环系统要持续不断地为肌肉提供氧气和养分，还要把肌肉中的废物给带走，这样才能让肌肉可以持续地运动。长时间的这种体育锻炼可以提高人体机能，改善人体心肺功能。

第一，阳光体育运动可以增强学生肌肉力量，主要表现在如下方面：其一，通过合理的运动可以促进肌肉骨骼生长；其二，通过合理的运动有效地增强骨骼肌肉和提高各个关节的活动幅度，让肌肉有更强的收缩力和活动能力；其三，有效地提高肌肉的代谢能力，使人体机能可以持续给肌肉提供能量。

第二，阳光体育运动可以优化人的身体成分和身体质量指数（BMI），长期进行合理的体育锻炼，能使青少年身体成分的各项指标正常。

第三，阳光体育运动可以提高学生的协调性、柔韧性和灵敏性，如果长期坚持动作技能练习可以增强人体对外界不同环境条件的反射能力，让人体各个器官更加灵活，让人体在进行活动时更协调和精准，在复杂的环境中可以完成各种复杂的动作。长期的动作技能训练不断刺激着人体，让人体不断适应这种刺激，从而使人体产生新的适应，体质也逐渐变强。在技能动作练习中，学生通过对复杂技能组合动作的学习，提高自身对外界不同环境条件的判断水平，能增强自身的思维和应变能力，改善自身的大脑功能，提高反应、判断和处理信息的能力。

（二）阳光体育运动对促进学生的心理健康发展有积极影响

现在许多学生面对生活和学习的压力，往往会产生紧张焦虑的心理，产生恐惧、害怕等不良的情绪。阳光体育运动通过组织学生去参加体育锻炼，让学生感受到心情的愉悦，发泄自己的不良情绪。

物质条件的改善、家长的溺爱等原因使许多学生无法适应社会的变化，无法调节自己的情感。阳光体育运动让学生在体育锻炼中接触大自然和社会，在体验自由运动、快乐体育的同时让学生学会调节自己的情感，让学生的心理和生理更好地适应社会，提高学生社会适应能力。

现在许多学生不能正确对待人生的挫折和失败，意志品质薄弱，阳光体育运动让学生在体育比赛中学会面对挫折和失败，在丰富多彩的体育活动中体验困难和挑战，在体育锻炼中磨炼学生的意志品质，培养学生的勇敢品质。

当今社会竞争激烈，同学之间缺乏信任和沟通，有时学生也会因自身状况而产生自卑和焦虑的情感，害怕和别人交流。阳光体育运动有参与人数多，运动内容丰富，组织形式多样的特点。阳光体育运动倡导团结协作，有助于提高学生的人际交往能力，让学生在阳光体育运动中快乐地和同学进行交流，让学生在运动中学会信任队友、帮助队友，在运动中增强自信心消除因自身状况而产生的自卑和焦虑情感。

（三）丰富校园文化

第一，阳光体育运动是学校校园文化展示的平台，展示了学校的校风和校训；展示了学生的学风；展示了学校的文化底蕴；展示了学生的精神风貌。

第二，阳光体育运动是校园文化的重要组成部分，学校通过开展民族传统体育项目，让学生感受优秀传统文化，弘扬当地的优良传统文化，进一步提高学生学习传统文化的兴趣。学校的具体措施如下：其一，通过练习学校传统体育项目，让学生了解学校的历史，传承学校优良传统；其二，通过游戏、比赛让学生养成文明礼貌的行为习惯，学会遵守规章制度的好行为，进一步丰富校园文化的礼仪文化；其三，通过组织丰富多彩的阳光体育运动活动，让学生快乐地在学校运动，让学生体会到学校的温暖和关爱，带动了校园文化的健康发展。

第三，阳光体育运动是宣传校园文化的好场所。阳光体育运动开展的活动都是学生最喜爱的活动，把校园文化纳入阳光体育运动中，学生在阳光体育运动中更容易接受校园文化学习。学校通过阳光体育运动的宣传活动、体育知识竞赛、体育黑板报评比、体育漫画等，让学生感受到校园文化的氛围，让学生注重校园文化的积累。阳光体育运动在向学生传授基本技能的同时，也进行体育文化知识和卫生保健知识的传授，使学生具有全面的体育文化修养。

（四）培养学生体育运动兴趣，形成学生的体育运动习惯

阳光体育运动提供了学生最喜欢的体育运动项目，也为学生提供了最适宜的运动方式和方法，运动内容符合学生的年龄特点。阳光体育运动保障了学生的活动时间，最大程度地激发了学生参与体育运动的兴趣和爱好，调动学生参与运动的热情和积极性，促使其养成良好的体育运动习惯。

阳光体育运动鼓励学生走向操场、走向大自然、走到阳光下，充分尊重学生个体身心发展规律和学生兴趣的需要及自身能力发展的需求，旨在培养每一个学生成为更健康、乐观、主动、自信、团结、协作的和谐个体，使他们在走入社会后都能拥有和谐美好的幸福人生。

阳光体育运动通过运动技能和知识的传授，使学生从内心感知健康的重要性，并能够根据自己的身体情况、个人兴趣，选择科学的运动方法，养成健康的生活方式，使自身终身受益。

五、基地建设阳光体育运动的方法手段

（一）基地建设阳光体育运动要把安全放在首位

学校在深入开展阳光体育运动的过程中，总是无法避免意外伤害事故的发生，意外伤害事故给开展阳光体育运动带来了很大的困扰。开展一切活动都要从学生的“健康第一”出发，学生的安全得不到保证，阳光体育运动也将失去其意义，所以基地建设阳光体育运动要把安全放在首位。基地建设的具体措施如下：

第一，强化基地学校安全意识，加强对学生的阳光体育锻炼的安全教育。基地学校应做好以下几点：①做好阳光体育锻炼的安全教育方案；②做好所有师生阳光体育运动的安全教育宣传工作，可以利用学校的电子显示屏、宣传栏、集会、班会、黑板报、体育健康课、广播站等对师生进行阳光体育运动的安全教育，还可以在学校体育运动场所张贴体育锻炼安全提示、体育锻炼的方法、体育器材的使用方法等；③每学期在全校开展阳光体育运动的安全教育知识比赛；④利用节假日发放阳光体育运动安全教育《致学生家长一封信》，要求家长在假期配合学校对学生进行体育运动安全方面的教育。

第二，加强对阳光体育运动的安全工作的领导。教研基地对基地学校的要求主要体现在以下两个方面：一方面，要求基地学校领导高度重视学校阳光体育运动安全教育工作，必须成立以校长为组长的阳光体育运动安全领导小组。分管体育工作的副校长、体育教研组长、体育教师要具体负责阳光体育运动的安全教育的日常工作。学校阳光体育运动安全工作要有计划、有方案、有预案，比如：学校体育伤害事故应急预案制度、阳光体育锻炼安全工作制度、学生体育运动安全守则等。另一方面，要求基地学校要把阳光体育运动的安全工作任务分解到各个职能部门，并把具体任务落实到各负责人，签订阳光体育运动的安全目标责任书，做到分工明确，责任到人。

第三，加强对阳光体育运动过程的全程健康监测。基地学校要做到：对突发意外情况要及时科学处理；规范阳光体育活动常规检查，比如老师到位情况、运动前做好热身、检查清点人数、场地器材布置等；在活动过程中，体育教师要指导学生合理判断自己的运动能力，学会控制运动负荷，出现身体不适时，应该立即停止运动并及时报告老师。

第四，学校全面了解学生身体健康情况。为确保开展阳光体育运动安全，基地学校要组织学生定期进行体检，对学生运动能力进行测试，并建立学生健康档案。每学期开学第一周要对学生的体质健康情况（身体健康状况及体能、运动能力等）进行问卷调查。体育教师、班主任全面了解学生身体实际情况，科学评估学生现有的体能状况和运动能力，在此基础上认真制订好阳光体育活动计划、阳光体育活动内容，确保开展的阳光体育运动的运动负荷和练习密度要循序渐进。

第五，基地学校应对校内体育场地设施、器材进行定期检查，对已损坏的设施、器材立即维修或更换。同时，加大对学校体育教学的资金投入，更新体育器材和设施，确保提高器材使用的安全系数，为阳光体育运动营造一个安全舒适的环境，从而最大限度地减少和预防体育意外伤害事故的发生。

（二）指导基地学校阳光体育运动要专业化

教研基地指导基地学校合理安排学生阳光体育运动，要求学校保障阳光体育运动时间，全面落实阳光体育运动。学校每天上午要安排半小时的大课间体育活动，积极组织学生参加各类学生体育竞赛活动；每年举办一次体育艺术节；每年举办一次冬季长跑活动，保证每名学生每天课后都参加不低于半小时的课外体育活动。基地学校阳光体育专业化主要从以下几个方面去实施：

第一，教研基地指导学校要将阳光体育运动纳入学校的教学计划和学校工作计划中，安排在学校课表中，把阳光体育运动纳入教师的工作量中。严格执行开展阳光体育运动的时间规定，确保学生每天体育锻炼一小时。

第二，建立开展阳光体育运动的有效工作机制并保证落实。上级教育行政部门、教研基地要结合基地学校的实际情况，从组织领导、科学管理、评价考核、条件保障等方面对保证阳光体育运动时间提出具体的目标，并制定明确的评价方案，确保阳光体育运动时间落到实处。

第三，建立学生参加阳光体育运动的科学评价机制。基地学校要将学生参与阳光体育运动的情况纳入学生的评优评先、综合素质评价中去，每学期基地学校要对学生参加阳光体育运动情况进行考核，对表现突出的学生要予以表彰奖励。

第四，建立学校组织开展阳光体育运动的激励制度。上级教育行政部门对于认真组织开展阳光体育运动，确保学生阳光体育运动时间，积极参加各项体育比赛并取得优异成绩，参加学生体质健康抽测优良率达到省要求指标等的学校，要给予表彰和奖励。

第五，在开展阳光体育运动的过程中，基地学校要对学生进行专业系统的指导，要充分发挥体育教师的专业和引领作用。体育教师要通过不断的进修培训，不断地提高自己专业素质。在阳光体育运动中，体育教师要根据学生的实际需求对学生进行专业的体育指导。

第六，优化学校体育场地器材，走向专业化。教研基地要做到：其一，依据学校的实际情况，向学校提出优化学校体育场地器材的合理化建议，鼓励基地学校要优先考虑开展阳光体育运动项目所需要的场地和器材，满足开展阳光体育运动的需求；其二，鼓励和支持基地学校向上级主管部门申请修建体育场馆，确保风雨天气也可以正常开展阳光体育运动。基地学校要做到：其一，配足、配齐符合开展阳光体育运动的体育器材，体育器材在质量保证的前提下要考虑学生年龄特点；其二，要确保学生进行阳光体育运动时安全使用场地器材，坚决杜绝危害师生安全的场地器材在阳光体育运动中使用；其三，积极开发利用学校现有的体育场地器材，鼓励有条件的学生自带体育器材以弥补学校体育器材不足的问题，确保体育教学质量稳步提升。

（三）阳光体育运动组织多样化

指导基地学校阳光体育运动的内容设置，既要从学生兴趣爱好、传统体育特色、学校资源优势、师资力量和校园文化资源等出发，又要体现地方化、多样化、趣味化、游戏化、竞赛化等特点，开展符合学生身心发展的阳光体育运动，激发学生对阳光体育运动的兴趣和热爱，全面提升学生的体质健康水平。

阳光体育运动组织主要从以下几个方面去实施：

（1）积极引入具有地方传统特色的体育项目充实到阳光体育运动中。各种有传统特色的体育项目与阳光体育运动的有机结合，以满足广大学生的需要。韶关是一个多民族的地区，不同的地域和民族都有不同的传统体育项目，如：乳源的竹竿舞、南雄的舞龙舞狮、浈江区踢毽子、曲江的武术等都具有地方和民族特色，这些都是基地学校开展阳光体育运动的宝贵资源。基地学校要充分了解本地的民族特色体育项目，加强对民族体育特色项目的进一步开发和利用，将那些具有民族特色的体育项目引入阳光体育活动中，既可以弘扬当地的优良文化传统，又可以充实阳光体育运动的内容，激发学生的学习兴趣。

例如：韶关乳源学校，在每年瑶族传统盛大节日——瑶族“十月朝”来临之际（农历十月或十一月），学校便会自发组织“校园竹竿舞大赛”。在此项活动中，学校让全校学生以班级为单位，以竹竿舞为载体充分展示乳源瑶族同胞丰富的民族音乐文化和绚丽的传统服饰，编创出各种欢快而有趣的舞蹈新作品。

图6-1-1

（2）充分利用师资力量和学校现有的资源优势，因地制宜，服务阳光体育运动。阳光体育运动的内容选择：一方面，要考虑学校现有师资力量，充分利用学校现有师资力量，或者引进第三方师资力量，如某校有多名足球教师，就可多开展以足球为主要内容的阳光体育运动；另一方面，要考虑学校现有校园文化资源，如某校是田径传统学校，就可多开展以田径为主要内容的阳光体育运动。

例如，韶关市风烈中学（原名韶关市第十一中学）隶属韶关市武江区，是一所至今都还没有自来水的城乡接合部初级中学，全校600多人，100%的生源是周边农民子女和入城务工人员子女。学生的家庭教育严重缺位，文化基础很薄弱，学习和生活习惯很差，厌学、辍学、抽烟、喝酒、打架时有发生。学校存在师生精气神不佳，学校没有生机，校风和学风不理想，社会对学校的办学满意度不高等现状。

为了改变现状，以弘扬传承中华武术文化为切入点，阳光体育运动引进武术运动。当时，学校没有武术老师，经过努力，邀请到韶关学院体育学院的陈星潭教授来校指导，他不仅自己亲自教学，还派出多名实习生和毕业生参加指导，同时培养学校健美操专业的李永意老师成为武术教练。

图6-1-2

学校采取了如下行动：①开展以武术元素为主的体育教学，让每一个学生都掌握一套以上武术套路；武术与学科的融合迁移顺势而为，形成了良好校风、学风。②开展了以武术元素为主的大课间活动，将课间操融入武术特色，如武术拳类、八段锦，使学生能在大课间感受武术传统文化。每天25分钟的武术元素大课间《少年当自强》包含了跑操、武术操、武术基本功，武术扇及瑜伽感恩操。③开展以武术元素为主的专业课余训练，结合国家“双减”政策，利用课后服务，推行武术特色课程，使学生在其中得到强健、雅正身心的锻炼。

通过共同努力，学校已经在全校普及武术运动，逐步形成了以武术为特色的阳光体育运动。学生不仅成为身强体健的武术特长生，还全面提升了核心素养。因为武术运动的普及，学校已经从薄弱走向特色，在让师生感受到学校生机的同时，也让社会对该校的办学满意度得到提升。

（3）指导基地学校在开展阳光体育运动时要做到内容有层次、方法有层次、难度有层次、组织有层次，四个层次兼顾不同年级、不同水平段、不同学生个体的差异性。阳光体育运动的内容形式要新颖且有效，练习要注重“看、闻、练”。对各个阳光体育运动环节的学生心率进行监测，充分保证了学生在大课间的运动量，有效促进学生体质体能水平提升。学校要制作各种体育宣传板报和音乐、视频，让学生在整个大课间在感官上全面感受和体验足球带来的乐趣。

乐昌市第三中学“魅力足球和美自信”足球特色大课间设计方案。

表6–1–1

活动环节	活动时间	活动内容	活动音乐	目标理念
第一部分 进场	9：30— 9：35	教室阳台集合；各班入场	《校园的早晨》	通过播放音乐，提高情境的感染力，愉悦学生心情，提高学生参与运动的积极性
第二部分 活力起舞	9：35— 9：40	功能热身操	自主编制混合音乐	锻炼提高学生体能； 体验韵律之美
第三部分 快乐足球	9：40— 9：45	拉球； 拨球； 左拉左推，右拉右推； 左拉右挡，右拉左挡； 踩球； 运球； 传接球； 守门员动作	历届“世界杯”主题曲混制	通过足球练习发展学生身体素质，提高学生足球技术； 通过足球练习培养学生与人合作等能力，使学生养成克服苦累、顽强锻炼的意志品质；激发学生对足球的运动兴趣，为其终身体育打下良好的基础

续 表

活动环节	活动时间	活动内容	活动音乐	目标理念
第四部分 奔跑少年	9：45— 9：50	跑操	跑操音乐	发展学生奔跑能力； 提高班级团队凝聚力合作能力； 为体育中考打基础
第五部分 感恩之心	9：50— 9：55	手语操	《感恩的心》	感恩教育； 缓解肌肉紧张，放松身体； 防止肌肉损伤； 加速恢复
第六部分 退场 光荣少年	9：55— 10：00	有序退场	《光荣少年》	用音乐，再次促进学生全身心的放松

乐昌市第三中学因地制宜的大课间设计，让全员参与“魅力足球和美自信”足球特色大课间；整个大课间的内容丰富，有体能操、足球素质练习、足球球性练习、足球技能拓展、跑操、感恩手语操。其中，体能操练习内容7项、足球的练习内容8项，整个大课间涵盖了17项不同的练习内容。大课间设计的运动量适宜，内容有层次、方法有层次、难度有层次、组织有层次，四个层次的内容兼顾不同年级、不同水平段、不同学生个体的差异性。

（4）注重学生在体育运动的趣味性中增强体质，把阳光体育运动和班级文化建设结合在一起。让学生在阳光体育运动中享受体育运动的乐趣，在体育运动中去展示自己，从开始的激发学生运动兴趣逐步让学生在体育运动中形成体育习惯，最后让学生养成终身体育运动的习惯。

曲江初级中学阳光体育和班级文化建设的结合成果展示：

图6-1-3

六、基地建设阳光体育运动的实施路径

（一）健全工作机制，营造良好科研氛围

由市教科院、教研室、基地学校、教研组构建初中体育与健康教研共同体，共同体建立互动、交流、分享的工作机制，改进教研工作方式，提高教研工作实效。初中体育与健康学科教研基地的构建，促进学校阳光体育运动的开展，让学校可以形成鲜明的阳光体育运动特色。

以教研基地为中心，强化各个学校体育教研组的力量。教研基地通过阳光体育沙龙、科组活动、网络平台、阳光体育运动展示等有效开展阳光体育研讨活动，让所有体育教师通过研讨活动参与到阳光体育运动的设计、组织、方法探讨、实施策略等工作中。教研基地组织体育名师、优秀体育教研人员与体育教师开展研究交流活动，针对各学校开展阳光体育运动分享经验和心得，相互启发和借鉴，积极营造出良好的基地建设阳光体育科研氛围。

教研基地组织基地成员和省、市体育名师成立阳光体育指导小组，采用专家讲座、学术研讨、常态化跟踪、协同学校设计、各校交流、反思改进的实践活动，发挥教研基地在交流研讨活动中的指导作用。教研基地整合各地各校优质阳光体育运动资源，聘请体育学科专家和专门工作人员针对阳光体育运动在内容确定、目标制定、过程设计、方法选择、评估中遇到的热点问题和难点问题开展指导，提出可行性建议，推动阳光体育运动的开展。

完善阳光体育评价制度。教研基地会同有关部门修订并全面实施阳光体育评价制度，做好阳光体育相关制度的配套衔接工作，研究制定阳光体育工作评估标准和实施办法。教研基地和各学校积极探索阳光体育的实施办法，推进学校阳光体育评价体系建设，有效发挥其对阳光体育推广实施的引导作用。

实施学校阳光体育工作评估制度。教研基地每年组织开展对各学校阳光体育工作的评估，教研基地先组织学校按照要求进行自我评估，教研基地再对学校阳光体育工作进行评估。评估结束后，教研基地和学校要深入分析阳光体育工作评估结果，及时总结阳光体育实施过程中出现的问题，有效实施阳光体育工作。

（二）借鉴成功经验，推动资源共享

教研基地充分借鉴教育发达地区阳光体育运动的成功经验，结合学校开展阳光体育运动的实际情况和目标，有选择性地借鉴有益经验，整合初中体育学科的研究，搭建阳光体育运动推广平台，培育优秀阳光体育运动案例，聚焦阳光体育运动中的一些难点、重点问题，积极探讨阳光体育运动实施策略。教研基地主动向外传播优秀阳光体育运动案例，扩大教研基地的影响力，总结出阳光体育运动研究成果和成功经验并向辐射学校推广，推动地区初中阳光体育运动的共同发展。

教研基地通过打造阳光体育运动学习平台，从而推动体育教师相关方面的专业成长和发展。教研基地会聚中学体育名师、优秀高级教师等高水平师资队伍，组建阳光体育运动研究团队，集成优秀阳光体育运动资源，整合一批优质优秀的阳光体育运动案例，形成资源共享机制，为学校开展阳光体育运动提供全方位服务。

第二节 阳光体育实施案例

乐昌市第三中学阳光体育活动

学校高度重视校园阳光体育活动的组织实施，根据阳光体育运动实施细则成立以校长为组长的领导小组，按统一部署，制定出相应的阳光体育运动方案和措施，形成了一把手亲自抓、分管领导具体抓，体育组与班主任、各兴趣小组联动机制，确保活动开展得有序、有效、安全。

一、积极开展了大课间和课外体育活动，确保学生每天有一小时的体育锻炼时间

（1）学校根据实际合理安排大课间，时间不少于30分钟，根据学校实际情况，以班为单位，充分发挥体育委员和体育小能手的作用，进行体育项目（如广播操、长跑、素质练习）等活动。

（2）当天没有体育课的班级安排课后体育活动，内容为跑步、足球和篮球等，每次活动时间不少于40分钟。

（3）学校建立传统体育活动社团（健美操队、田径队、排球队、篮球队、足球队），每周四下午第四节课后为社团活动时间，为使社团活动有效开展，每次社团活动做到“四定三检查”：定时间、定地点、定指导老师、定学员，查活动内容、查活动制度、查活动质量；社团成员代表学校参加上级相关比赛。

二、积极举办多形式的体育竞赛活动

学校根据自身实际和本校传统体育文化特色，改革学校体育竞赛的传统模

式。学校每年秋季举办一次秋季运动会和班级足球联赛，每年春季举行校园足球文化节活动，让运动会和各种竞赛成为弘扬阳光体育精神、增强学生体质健康的重要载体。

（1）田径运动会：每年10月举行。七年级体育教师从学生入校开始抓紧教学和训练，加强对学生的体质测试，了解体育特长生，并建立档案。八、九年级体育教师通过比赛，进一步规范学生动作，提高教学质量。同时，认真组织田径运动会，突出班级特色。

（2）班级对抗赛：每年12月举行。学校通过协力传球、跳大绳、拔河、大接力等活动，愉悦校园氛围，凝聚班级力量，和谐师生关系；通过举行三人篮球赛，为有特长的学生提供展示的舞台。

（3）校园文化艺术节：每年3—5月举行大课间操比赛、校园足球班级联赛、田径比赛、文艺汇演等。

图6-2-1

仁化县实验学校开展阳光体育活动

学校制定《仁化县实验学校“学生每天一小时校园体育活动”方案》以及

校园体育活动管理各项具体措施，明确校长为第一责任人；组织当天没有体育课的学生进行一小时集体体育锻炼并将其列入教学计划，严禁挤占学生校园体育活动时间；全面实行大课间体育活动制度，每天统一安排30分钟的大课间体育活动（不含课间休息）。学校的具体措施如下：

（1）学校坚持每天在第二节至第三节课期间开展30分钟的大课间活动并形成了特色，在仁化县大课间活动评比中荣获一等奖。学校大课间活动特色鲜明，设计有不同形式的大课间活动，主要内容有入场展示、广播操展示、跑操展示、自选项目展示、体能练习。

（2）学校在每天下午放学后，坚持开展40分钟的“阳光活动”，以及周四还开展了第二课堂，开设了足球、舞龙舞狮、篮球、乒乓球、太极拳、羽毛球等项目。

图6-2-2

（3）学校还成立了足球社团和丹霞活力少年龙狮社团，尤其是丹霞活力少年龙狮社团，在韶关市第五届运动会闭幕式、仁化县篮球总决赛、春节文艺汇演等大型活动进行表演，得到了一致好评，在社会上具有一定的影响力。

图6-2-3

（4）学校认真组织开展冬季长跑活动。学校将冬季长跑活动纳入学校教学计划之中，与体育课教学、《国标》测试、学校体育特色建设、校园文化建设等内容相结合，使学生形成良好的体育锻炼习惯。

（5）学校以竞赛为杠杆，掀起阳光体育活动新高潮。学校每年10月举办“体育节”，内容有田径运动会、大课间活动评比、乒乓球赛、篮球赛等多层次、多形式的学生体育竞赛，激发学生参加体育锻炼的热情和兴趣，从而形成“人人有项目、班班有队伍、月月有比赛”的体育格局。

（6）推进校园足球活动。学校成立了足球社团、班级足球队、年级足球队、校级足球队，开展了班级联赛、年级联赛、校级联赛等足球联赛，并规定每学期举办一次大型的“活力杯”校园足球联赛。

仁化县凡口学校大课间活动方案

一、活动形式

学校大课间活动安排在每周的星期一至星期五上午第二节课后进行，时间为30分钟，以音乐为背景串联活动全过程。

二、活动要求与管理

（1）开展活动要力求做到“五落实、六到位”。“五落实”即值班领导落实、每班活动器材落实、活动场所落实、活动时间落实、带班教师落实；“六到位”即领导督促到位、班主任组织到位、各方协调到位、体育教师指导到位、安全检查到位、学生参与人人到位。

（2）学生如有特殊情况不能参加活动的，须向班主任请假，并于当天向在场考核老师报告，未向考核老师报告则相应扣除该班的流动红旗分。

（3）大课间活动的体育教师以及各项目责任教师、班主任要提前到位，做好准备工作，确保活动有序开展，保证学生的人身安全，对可能出现的情况要有预见性，做到防患于未然。

（4）各班学生必须在指定活动范围内活动，防止出现学生活动区域不明或乱窜、乱跑的混乱现象。所有场地均安排体育教师及班主任、跟班教师进行现场活动指导，并督促学生安全有序进行。

（5）如活动有变化，学校及时通知各班；如有雨天、大风等恶劣天气影响室外活动时，各班在保证安全的前提下可自行安排活动内容。

三、考核办法内容

（1）体育组根据各班出场秩序、活动效果、学生出勤等按A、B、C三个等级进行综合评价，评价结果每天公示，并列入流动红旗考核。

（2）班主任必须参加大课间活动的组织管理，其余教师自愿报名参加。大课间组织管理效果作为相关老师参与评先评优的条件之一。

四、大课间活动内容

活动内容以足球为主，由各年级、各班根据学生足球课所学内容自主选定，每天至少有一到两项内容。

（1）七年级大课间活动内容：

①绳梯、跳、训练圈、绕杆跑。

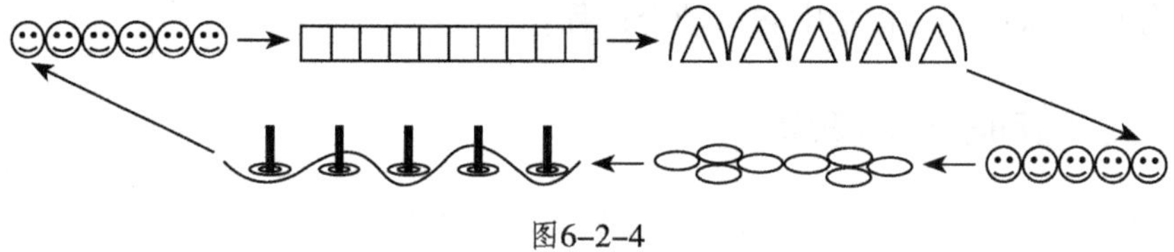

图6-2-4

②踩球、脚内侧拨球、身后变向运球绕障碍：

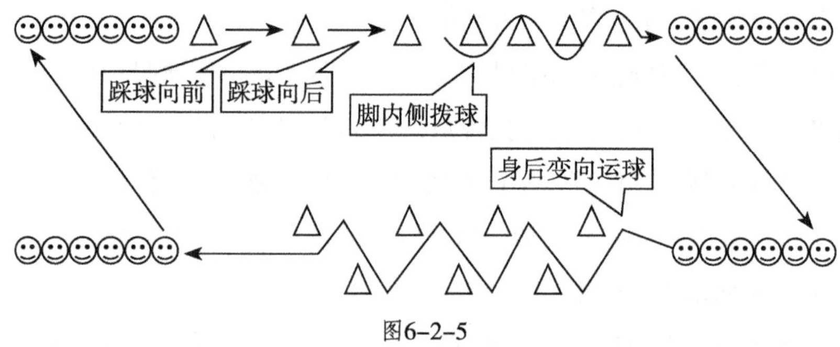

图6-2-5

③运球绕障碍：

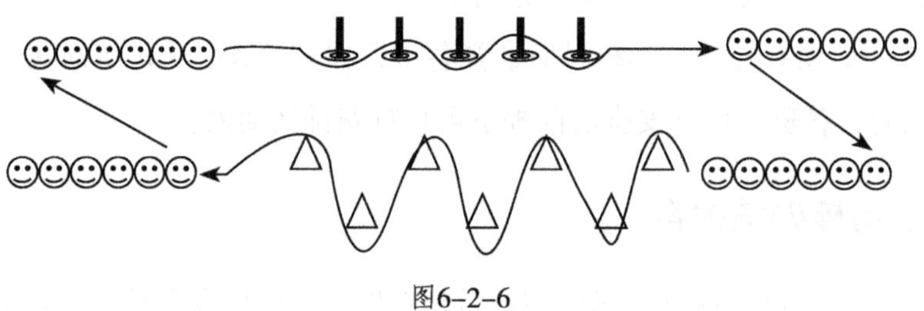

图6-2-6

④ 行进外拨内扣：两人一组，每人完成四次外拨内扣后射门。

⑤ 运球一对一过人后传球：8人一组，其中两人一对一过人后传球。

⑥ 五人抢圈：五人一组，其中四人传球配合，另一人抢断。

（2）九年级大课间活动内容：

① 颠球：两人一组相距2米，每人颠球20次后交换。

② 头顶传球：两人一组相距2米，相互用头顶传球。

③ 脚内侧传停球：四人一组相距2米，脚内侧快速传停球后跑位。

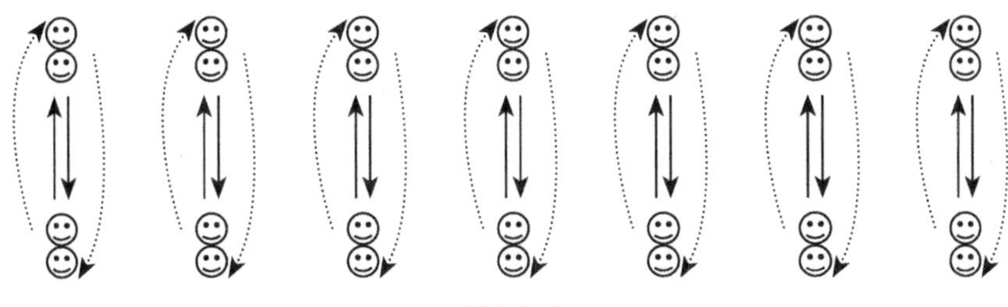

图6–2–7

④ 快速运球急停转身绕障碍传球：四人一组。

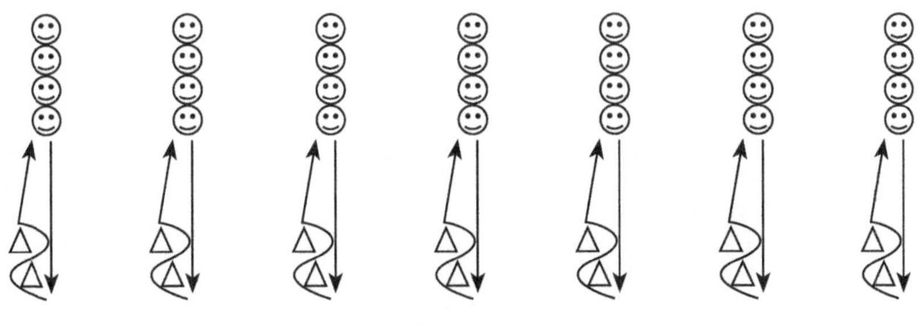

图6–2–8

⑤ 五人抢圈：五人一组，其中四人传球配合，另一人抢断。

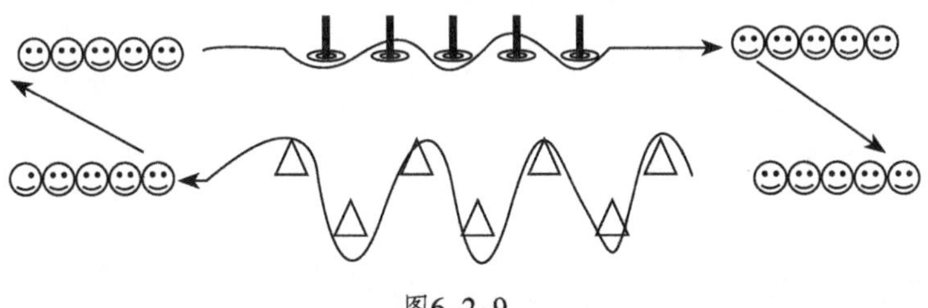

图6–2–9

第七章

基地建设体质健康促进

第一节　体质健康促进实施策略

新中国成立以来，党和国家一直非常关心和重视广大学生的身体健康，先后制定出台了《劳卫制》《国家体育锻炼标准》《大学生体育合格标准》《中学生体育合格标准》《小学生体育合格标准》及初中毕业生升学体育考试办法等一系列制度，并于2002年开始在全国试行《国家学生体质健康标准》，这些制度的制定和实施，对于增强学生体质，促进我国学校体育工作具有积极作用。学校体育将“健康第一”的理念摆在学校体育工作的首位。2020年，学生体质健康监测的数据将成为评价各级各类学校工作的重要指标，与教学评估、学科评估、先进学校评选等密切挂钩，使学校体育与其他学科一样受到重视。“教会、勤练、常赛”将成为学校体育教学训练的常规内容。学校要将“健康第一”的理念落到实处，改变长期以来学校教育中“重智育，轻体育”现象的重要举措有：①开齐开足上好体育课；②学生的课外体育活动时间得到保证；③学校各种体育社团组织蓬勃发展，校园体育文化蔚然成风；④学生能够掌握1—2项运动项目，养成终身体育的习惯；⑤学生体质健康水平大幅提升，确保实现2030年国家学生体质健康标准达标优秀率25%以上的目标。

一、体质健康概念界定

（一）体质与健康的关系

世界卫生组织（WHO）认为，健康不仅仅是没有疾病和不虚弱，还要有完整的生理和心理状态和良好的社会适应能力。何仲恺认为在体质与健康之间存在以下多种关系：第一，二者相互影响、彼此制约，体质是基础的内容，而健康则是人体外在的表现形式；第二，体质反映了人体的内在特征，而健康只是人体在某个时期所处的一种状态而已；第三，在体质的基础上，人体健康才能得以维持，离开体质健康就没有存在的意义。

（二）国外关于体质健康的概念

国外研究多集中于体质评价指标对健康的影响及与肥胖、高血压等慢性疾病的关联。Ortega，F. B.（2008）总结前人研究阐释了青少年体质与健康之间的关系：

（1）心肺健康水平与整体肥胖和腹部肥胖有关；

（2）心肺能力和肌肉力量与青少年的心血管疾病的患病风险存在着较高的相关性；

（3）与心肺功能相比，促进力量、速度和灵敏的发展，似乎对骨骼健康能够产生更加积极的影响；

（4）针对儿童癌症患者和术后恢复中，应积极地多进行耐力和肌肉力量训练，以促进心肺功能和肌肉健康，来减轻生活中的疲劳感，改善生活质量；

（5）改善心肺功能对抑郁、焦虑、情绪状态和自尊有积极作用，通过体质测试还能在一定程度上提高青少年的学习成绩。因此，其提出应针对青少年设计健康促进政策和体育锻炼计划，以改善心肺功能的适应性，还应改善其他两个身体适应性的组成部分，例如肌肉力量和速度敏捷性。学校还可以通过体质测试等筛查手段，甄别身体素质较差的青少年，进行有针对性的方案（例如鼓励儿童积极活动，并特别强调活动的强度），以促进其体质健康。

（三）国内关于体质健康的概念

《国家学生体质健康标准》是测量学生体质健康状况和评价锻炼效果的标准，体现国家对不同学段学生体质健康状况的要求。《国家学生体质健康标准》反映的是与学校体育密切相关的学生身体健康范畴。体质健康是指身体机能各项指标处于正常范围内的身体状态，包括身体的形态、营养、免疫力、抵抗力、活力、心理、社会交往能力、心理调节能力等，以及能够适应环境变化的稳定性。简而言之，健康体质是指人体在正常生理、心理和社会环境下的整体状态及其发展潜力和调节能力的总和。

综上所述，体质健康是一套指标体系，是一个综合的概念，反映了学生的体质健康水平，涵盖了身体的多种因素。

二、体质健康内涵分析

为了界定体质健康的内涵，又避免与三维的健康概念混淆，故将“体质”作为“健康”的定语以示其内涵。《国家学生体质健康标准》名称的外延涉及它的教育激励功能、反馈调整功能和引导锻炼功能，是促进学生体质健康发展、激励学生积极进行身体锻炼的教育手段。所选用的指标可以反映与身体健康关系密切的身体成分、心血管系统功能、肌肉的力量和耐力，以及关节和肌肉的柔韧性等要素的基本状况。《国家学生体质健康标准》的实施将使学生能够对影响身体健康的主要因素有一个更加明确的认识和理解，引导学生积极追求自己身体的健康状态，实现学校体育的目标。《国家学生体质健康标准》是一个学生体质健康的个体评价标准，规定了各校应将每年测试的数据按时上传至国家学生体质健康标准数据管理系统，该系统具有按各种要求进行统计、分析、检索的功能，并定期向社会公告。

三、体质健康作用意义

对于学生来说，升学压力大、睡眠不足成为影响他们身心健康的重要因素；生活水平的提高，加之营养科学知识的宣传普及滞后，特别是沉重的课业压力让学生疲于应付，学生锻炼时间减少，导致了肥胖发生率的不断增加。

（一）体质健康的理论意义

1. 可以准确地反映学生的体质健康情况，也为修订《学生体质健康标准》确定了方向

《学生体质健康标准（试行方案）》对学生的生长发育规律，将测试对象按照年级分组：小学一、二年级为一组，小学三、四年级为一组，小学五、六年级为一组，初中和高中每年级为一组，大学为一组。该测试从身体形态、身体机能、身体素质等方面综合评定学生的体质健康状况，在测试内容中，选择了与学生身体的发展及身体健康素质关系最为密切的一些要素作为测试的内容。例如：新增加了“身高标准体重”这一指标对学生身体的匀称度进行评价，间接反映学生的营养状况，以引导学生及家长和全社会来关注学生的身体营养状况。在《学生体质健康标准》试行过程中对学生体质进行测评，对引导学生正确认识和了解自己的健康状况，有针对地进行身体锻炼起到了非常积极

的作用。

2. 促进国家更高效地实现系统性和分级的健康评估和管理

体质健康通过纵向数据追踪调查、灰色关联理论、横向调查等手段分析我国学生身体形态、身体机能、身体素质等方面的城乡差异、生长发育变化、体质健康变化趋势研究以及地域差异等。张一民在研究中指出，我国汉族学生的身体形态呈持续增长趋势，呈现整体加速、快速增长期提前和持续增长期延长的特点，而身体素质与身体机能在1995—2005年呈现出持续下降的趋势，且2000—2005年的下降幅度远大于前五年。吴键等人认为：首先，通过对1985—2014年学生身体素质和身体机能数据的时间序列分析得出，目前学生的身体素质和机能的下降状况已得到初步遏制，但是未来青少年的身体素质和身体机能的变化仍然受到生活方式和行为习惯影响，影响趋势还无法预测。其次，通过对1985—2014年学生耐力测试数据的时间序列分析得出，学生耐力素质随时间的变化整体呈现出下降趋势，且存在城乡差异、性别差异和年龄差异。最后，通过对1985—2014年学生速度测试数据的时间序列分析得出，学生速度素质随时间变化呈现出先上升后下降再上升的趋势，但是仍存在性别和城乡差异。

（二）体质健康的现实意义

1. 促进学生积极参加体育锻炼，提高自我保健能力和体质健康水平

2002年7月，由教育部、国家体育总局联合下发了《学生体质健康标准（试行方案）》，作为《国家体育锻炼标准》在学校的具体实施，并在第一条指出了它的目的和意义：贯彻《中共中央国务院关于深化教育改革全面推进素质教育的决定》提出的“学校教育要树立健康第一的指导思想，切实加强体育工作”的精神，促进学生积极参加体育锻炼，养成经常锻炼身体的习惯，提高自我保健能力和体质健康水平。“健康体魄是青少年为祖国和人民服务的基本前提，是中华民族旺盛生命力的体现。”这是中共中央、国务院在当前的历史条件下，从我国人才培养和可持续发展战略的高度出发对青少年学生提出的基本希望和要求。

2. 遏制学生的身体素质和机能的下降状况，减少学生的肥胖发生率

学生体质健康监测结果显示，学生形态发育水平继续提高、营养状况继续改善、握力水平有所提高、几种常见疾病（低血红蛋白、龋齿等）的患病率继续下降；反映肺脏功能的肺活量测试结果继续呈现下降趋势；超重及肥胖学生明显增多，已成为城市学生重要的健康问题。为了解决这些问题，适应社会发展以及人们对健康的迫切需要和对生活质量的不断追求，必须从学生的体质健康抓起。同时，青少年学生的全面发展以及增进其健康的问题已成为全世界所关注的热门话题。

四、基地建设体质健康的方法手段

学生体质健康测试是指测试人员采用规范的技术、方式和方法，组织学生参加《国家学生体质健康标准》所确定的测试项目及有关内容的实际测评，是促进学生体质健康发展、激励学生参加身体锻炼的教育、评价和反馈手段，重点监测学生的身体形态、身体机能、身体素质和运动能力等方面的情况及其变化趋势。为了构建学校体育教育的良好生态，促进学生的身体素质全面提高和健康成长，基地建设体质健康的方法手段主要有以下几点：

第一，构建完善的体质健康教育机制和系统化的体质健康指导体系以及体质健康教育与日常体育锻炼有效融合。进一步丰富体育课程教学、规范体育课堂教学、优化体育作业设计，推动韶关体质健康体系建设。基地建设通过布置与课堂相结合的体育作业，使学生体育课堂教学得以延续至课外，让学生在课后对所学内容进行复习与练习，弥补体育课时间不足的缺陷，帮助学生更好地掌握运动技术与技能，提高课堂教学质量。

第二，构建学校、社会和家庭等多元力量协同参与的体质健康增进机制，为青少年健康成长提供全方位支持。基地建设通过完善家校协同机制，引导家长形成对学生体质健康教育、体育锻炼方法的完善认识，切实助力学生进行体育锻炼。普通的中小学生在校时间短，在学校教育的有限时间中保证学生每天一小时的体育活动时间，扎实有效地提高学生身体素质，是学校体育教学的重点，也是一个难点。有效的体育课外作业的布置为学校教育完成这一艰巨任务，提供了必不可缺的补充和帮助。同时，要重视扩展中学生的体育锻炼空间，优化其体育锻炼形态。在积极遵循体育锻炼规律的基础上，基地建设通过构建智慧化的体育健康训练机制，改善学生对体质健康的认识和理解，引导学生养成热爱锻炼的良好习惯和积极心态。

第三，结合地方文化，如韶关地区的舞龙舞狮，乳源瑶族自治县的竹竿舞等开发地方课程、乡土课，根据各地区学校的师资条件和学校特色开发相关市区域特色课程。探索符合韶关实际情况的体质健康高质量发展之路，以育人育德为方向，坚持以人为本，打造体质健康的“韶关特色”。基地学校以中考体育测试项目为指引，营造学校锻炼氛围，有效地发挥班主任的作用，体育老师与班主任密切配合，组织各种形式的锻炼活动，引导学生去参与体育锻炼，及时地给予学生表扬和鼓励，调动学生的热情，培养学生的锻炼习惯和健康意识。

五、基地建设体质健康实施路径

第一，基地建设体质健康实施路径要通过初中体育与健康教研基地建设，构建由教科院、教研室、基地学校、教研组构成的体质健康教研共同体，建立互动、交流、分享的工作机制，改进体质健康工作方式，提高体质健康理论指导，具体实施方法如下：

首先，促进学校体质健康的再发展，形成鲜明的学校体育教学特色。开足开齐上好体育课，严格执行国家体育课程刚性标准，学校不得以任何理由削减、挤占体育课。其次，学校要加强对体质健康政策的执行、监督和问责，着重提高《国家学生体质健康标准》应用的信度、效度和区分度，着重强化其教育激励、反馈调整和引导锻炼的功能，着重提高其教育监测和绩效评价的支撑能力。学校要组织好一年一度的“学生体质健康标准”测试工作。最后，体育教师要加强学习，吃透精神，严格执行标准，认真监测，做好各项的数据统计汇总，及时分析、掌握学生体质健康状况，做好跟踪调研工作。从身体形态、身体机能和身体素质等方面综合评定学生的体质健康水平。激励学生积极进行身体锻炼，促进学生体质健康发展，是国家学生发展核心素养体系和学业质量标准的重要组成部分，是学生体质健康的个体评价标准。

第二，基地建设体质健康实施路径要通过教研基地建设，整合体育学科研究力量，有效提升体育教师的体质健康实施能力和教学研究水平，具体实施如下：

首先，加强对体质健康政策的执行、监督和问责。体育老师要加强钻研，积极实践“新课标”，在课堂上多下功夫，让学生喜欢体育课，让学生乐学、乐练，扎扎实实地上好课。其次，教师在教学中做到课堂与课后相结合，发展技能与体能相结合，传授知识与培养意识相结合，加强对学生进行体质健康意识的培养，促进学生健康意识的形成，强化对学生健康行为能力的指导，切实提高学生的体质健康水平。最后，体育教师要发挥主观能动性，根据“新课标”的精神，创编出更多好的体育活动内容和形式，组织学生锻炼，提高学生体质，为学生体质健康做贡献。

第三，基地建设体质健康实施路径要通过初中体育与健康教研基地建设，提升基地学校体质健康的成绩，促进基地项目承担学校和参与学校的教学质量显著提高。

首先，基地项目所辐射学校的教学质量进一步得到提升，基地学校要坚持“健康第一”的指导思想，为学生健康成长做好服务工作，抓好体质健康测试的管理，走“低负高效”的路子，保证学生每天在校有一小时的体育活动时间。其次，教师要把好教学关，向课堂要效益，提高学生的学习效率，文化课老师不占用学生过多的课余时间，不加重学生作业负担，还给学生课余活动时间。体育教学质量进一步得到提高，从而使学生体质健康水平得到实质提升，学校《国家体质健康标准》测试结果达到《广东省教育厅关于进一步做好学生体质健康工作的通知》提出的相关要求。

第二节　体质健康促进实施案例

"50米跑、引体向上"突击提升

2021年，韶关市教育局根据韶关各县的体质健康测试数据进行反馈和指导，特别指出50米和引体向上为薄弱项目，要求各县体育教师重点抓这两个项目。

关于开展韶关市中小学生体质健康"50米跑、引体向上突击提升年"工作的通知

各县（市、区）教育局、市直学校：

根据2020年韶关市中小学生体质健康抽测结果显示，目前我市体质健康测试成绩较弱的项目主要是引体向上、50米跑、立定跳远、1分钟仰卧起坐。其中引体向上优良率为8.44%，50米跑优良率14.28%，立定跳远优良率17.97%，1分钟仰卧起坐优良率24.96%。正因为这4个薄弱项目导致我市2020年抽测结果优良率只有36.72%，并未达到2020年优良率40%的要求。2020年，乐昌市代表韶关市承担了广东省学生体质健康抽测任务，测试成绩优良率为44.24%，排全省第10名。为贯彻落实广东省教育厅2021年学校体育工作会议精神，要求全省各地各校把2021年作为学生体质健康"弱项突击提升年"，达到国家、省2021年学生体质健康优良率45%及以上要求。根据我市实际，决定把50米跑、引体向上项目作为2021年主要抓手，现就开展韶关市中小学生体质健康"50米跑、引体向上突击提升年"工作通知如下。

一、加强领导，全员参与

各地教育行政部门、各学校要高度重视学生体质健康工作，树立"健康第一"的指导思想，充分认识新时期加强学生体质健康工作的重要性和紧迫性，

切实把提升学生体质健康工作摆上重要议事日程，并纳入学校体育年度重点工作任务，纳入学生综合素质评价，切实做到年度工作要有计划、有目标、有措施、有检查、有成效。各地各校要建立“一把手”负责制，校长亲自抓，全校形成分管体育工作副校长、学校中层领导干部、年级组长、班主任、体育教师齐抓共管的局面，做到各司其职、责任到人。

二、加大投入，完善场地器材

全市所有中小学校要按照《广东省中小学校体育卫生工作条件基本标准》要求，配齐配足体育器材，完善体育运动场地，切实保证正常体育教育教学需要，尤其是国家学生体质健康标准测试所需场地、器材要优先得到保障。如引体向上所需的高低单杠，小学12个教学班（含12个班）以下配低单杠4副，13个班（含13个班）以上配低单杠4副、高单杠2副；初中学校13个教学班以上不少于高单杠4副、低单杠4副、平行梯2副；高中（中职）学校按照教育部最新发布的《普通高体育与健康教学器材配备标准》执行，要求单杠2—6副、双杠2—6副。

三、全面兼顾，突出重点项目

韶关市中小学校要把50米跑、引体向上项目作为2021年突击年主要抓手，重点推进，不折不扣抓好落实。2021年，各县（市、区）教育局要组织开展全县（市、区）50米跑、引体向上体育竞赛；各级各类学校每月要组织开展全校50米跑、引体向上测试，建议为单项测试成绩达到国家学生体质健康优秀标准的学生颁发“体育优秀学生”证书，评选一批体育标兵，营造全校体育创优争先的氛围；各年级各班要建立50米跑、引体向上“龙虎榜”“体育达人”“体育标兵”等，自行设计模式，张贴在班里显著位置，每月更新，引导学生积极锻炼，争夺荣誉。

四、强化课堂教学与课外活动双重推进

（1）学校在体育课堂教学中，要加强50米跑、引体向上训练，大胆创新教学模式，不断突破教学训练瓶颈。如练习引体向上可以先从直臂悬垂、屈臂悬垂、俯卧撑、哑铃练习等方式开始练习抓杠能力和上肢肌肉力量，到通过一对一帮扶托举、借用弹力带等方式进行完整动作练习，再到学生独立完成引体向上动作。教师在教学中给每个学生建立进步档案，记录学生练习的进步过程，

充分激发学生练习积极性，营造“你追我赶”的良好学习氛围。

（2）学校充分利用大课间体育活动、“下午四点半阳光活动”时间，组织开展50米跑、引体向上练习。体育教师每周要布置2—3次课后体育作业，每次作业练习时间不低于30分钟，并加强对学生课后作业质量的跟踪和监管。

五、开展50米跑、引体向上“月测”活动

各级各类学校从2021年6月至12月，利用体育课或“下午四点半阳光活动”时间，每月（7月、8月除外）组织全校学生开展50米跑、引体向上测试，并于每月30日前将测试结果统计表（见附件附表7-2-1）报当地教育局，各地教育局于次月3日前汇总当地数据表（见附件附表7-2-2）报市教育局德体卫艺科邮箱：sgdtwyk@126. com。各校测试原始成绩由学校保存，并准备随时接受检查。

六、加强督查，强化责任

为了使我市中小学生体质健康“50米跑、引体向上突击提升年”工作得以落实，我局将通过采取不定期抽查和“月报测试数据”两种方式对各地各校进行督导检查。对不按要求认真组织测试、不按时报送数据表、数据弄虚作假的学校，我局将在全市进行通报批评，并追究学校校长和相关教师的责任。主要责任人员年度不得评优评先、绩效考核评定降级处理。

附件：

×××学校学生体质健康50米跑、引体向上项目测试数据上报表。

附表7-2-1

学校：（盖章）　　　　上报时间：

体育教师签名：　　　　科组长签名：　　　　校长签名：

年级	总人数	50米跑		引体向上		备注
		优良人数	优良率	优良人数	优良率	
全校合计						

×××县（市、区）学生体质健康50米跑、引体向上项目测试数据上报表。

附表7-2-2

×××县（市、区）教育局：（盖章）上报时间：

<table>
<tr><th rowspan="2">年级</th><th rowspan="2">总人数</th><th colspan="2">50米跑</th><th colspan="2">引体向上</th><th rowspan="2">备注</th></tr>
<tr><th>优良人数</th><th>优良率</th><th>优良人数</th><th>优良率</th></tr>
<tr><td>一年级</td><td></td><td></td><td></td><td></td><td></td><td></td></tr>
<tr><td>二年级</td><td></td><td></td><td></td><td></td><td></td><td></td></tr>
<tr><td>三年级</td><td></td><td></td><td></td><td></td><td></td><td></td></tr>
<tr><td>四年级</td><td></td><td></td><td></td><td></td><td></td><td></td></tr>
<tr><td>五年级</td><td></td><td></td><td></td><td></td><td></td><td></td></tr>
<tr><td>六年级</td><td></td><td></td><td></td><td></td><td></td><td></td></tr>
<tr><td>七年级</td><td></td><td></td><td></td><td></td><td></td><td></td></tr>
<tr><td>八年级</td><td></td><td></td><td></td><td></td><td></td><td></td></tr>
<tr><td>九年级</td><td></td><td></td><td></td><td></td><td></td><td></td></tr>
<tr><td>高一级</td><td></td><td></td><td></td><td></td><td></td><td></td></tr>
<tr><td>高二级</td><td></td><td></td><td></td><td></td><td></td><td></td></tr>
<tr><td>高三级</td><td></td><td></td><td></td><td></td><td></td><td></td></tr>
<tr><td>总计</td><td></td><td></td><td></td><td></td><td></td><td></td></tr>
</table>

乳源瑶族自治县教育局迎接省国标抽测工作实施方案

2021年，乳源瑶族自治县被广东省体质健康工作组抽测，在短短一个月的时间里，县政府高度重视，组织教育局和被抽测的学校领导开会研究工作实施方案，积极组织学生训练，最终超额完成任务，特别是乳源瑶族自治县高级中学达到78.9%的优良率。

根据《广东省教育厅关于开展2021年学生体质健康抽测工作的通知》（粤教体函〔2021〕28号）要求，省抽测工作小组将于11月10日到我县，11日开始到校进行测试工作，为更好完成测试任务，使抽测工作有序、高效进行，现制定本实施方案。

一、工作领导小组

组长：罗届中

副组长：马全军、汤昌辉

成员：赵天信、王新阳、何先彩、李德光、许红保、江永桥、毛振芬

二、主要工作

（一）测试前须完成的工作

（1）学校须在测试前一个星期制定《广东省学生体质健康标准测试工作实施方案》和《学生体质健康标准测试应急预案》交教育局德体卫艺股审核和备案，并对有关参与测试的工作人员进行安全培训和应急预案的学习、演练，使相关人员树立“安全第一，预防为主”意识。

（2）做好学生安全、心理疏导教育工作。学校要在测试前对学生进行安全教育：第一，强调各项安全和纪律；第二，明确进行测试时不能穿钉鞋、皮鞋、篮球鞋或赤足，穿适合运动的运动鞋，如平底布、胶鞋、跑鞋等；第三，要守纪律、听指挥、不乱跑动、不嬉笑打闹，保持测试场所的安静；第四，测试前要做好准备活动，测试后做好肌肉放松活动，注意安全。同时要对学生进行测前与测后的心理疏导，减缓学生心理压力。

（3）做好安全保障工作。第一，学校提前给参加测试学生购买人身意外保险；第二，教育局统一联系卫健部门派出医疗队伍，学校要全员参与；第三，学校在中长跑的终点处各安排3—5名男性或女性教师协助测试不适的学生离场。

（4）测试学校要安排分管测试工作的副校长和负责测试工作的教师各一名，进行测试工作的对接。

（5）测试前一天，被测学校采用《身体状况安全调查问卷》及《运动测试调查表》对学生进行运动风险筛查，根据筛查结果确定测试学生名单。学校必须报告被测学生家长，并要求学生家长在《家长知情同意书》上签字。学生运动风险筛查材料由学校统一存档保管。

（6）11月10日16:15召开协调工作会议，参会人员为学校校长、体育组组长及测试工作组组长，主要落实具体测试、协调沟通等工作相关事宜。

（7）测试设备保管和充电。测试仪器于测试前一天送达学校（11月10日晚

金禧小学、中等职业技术学校，11月11日晚桂头中心小学、桂头中学），学校安排好课室（有可用电插座的）用于放置测试仪器设备以及对设备进行调试和充电（仪器为充电式，测试时不需要排插），同时须安排6名以上男性老师协助测试组进行仪器设备充电、调试、装卸和保管等工作。

（8）测试当天，学校须协助测试工作组对测试场地进行测量，并在各项目测试处放置桌椅、签字笔、帐篷（视天气情况）及配套设施等（详见学校提供辅助设施清单）。

（9）在测试过程中，不允许老师自行记录测试成绩，如有发现，应予以制止；对测试成绩出现争议或分歧的，不在测试现场提出复议，由测试工作人员做好记录并做好上报工作，不要激化矛盾扩大事态。

（10）教育局办公室安排好设备的运输车辆和测试组车辆，具体如下：11月10日中午安排一辆24座客车到韶关站迎接测试专家组到住宿位置（瑶尚居），11月11、12日安排两辆15座客车负责早上、中午转场到学校和下午测试完后接回酒店的行程（具体接车时间请局办公室与赵天信对接）。

（二）测试过程中的工作

（1）测试时，学校校长必须在测试现场，保证测试工作顺利开展。

（2）学校要求参加测试的学生要穿运动服和运动鞋，佩戴证明身份的证件（学生证、身份证、校卡（含照片）或学籍卡）。

（3）测试学校顺序：

11月11日全天：金禧小学；

11月11日上午：中等职业技术学校；

11月11日下午：民族实验学校；

11月12日全天：桂头镇中心小学；

11月12日上午：桂头初级中学；

11月12日下午：高级中学。

（正式测试时间：早上8:30，下午2:30）

（4）测试年级顺序：

小学测试顺序：六年级、五年级、一年级、二年级、三年级、四年级；

初中测试顺序：初三、初二、初一；

高中测试顺序：高三、高二、高一；

每个年级测试间隔20分钟。

（5）测试项目顺序：

小学1—2年级：身高→体重→肺活量→坐位体前屈→50米跑→一分钟跳绳；

小学3—4年级：身高→体重→肺活量→坐位体前屈→1分钟仰卧起坐→50米跑→一分钟跳绳；

小学5—6年级：身高→体重→肺活量→坐位体前屈→1分钟仰卧起坐→50米跑→一分钟跳绳→50米×8往返跑；

初、高中：身高→体重→肺活量→坐位体前屈→立定跳远→引体向上（男）/1分钟仰卧起坐（女）→50米跑→1000米跑（男）/800米跑（女）。

（6）每个年级抽查60人，男女各30人，测试时学校将每个年级的学生分成4组（男女各2组），每组15人，每组由一名教师带队参加测试。除带队老师外，学校另须安排6—8名教师协助工作。

（7）在测试过程中，学校教师、校医或现场医护人员必须配合测试组专家密切关注每名抽查学生的身体健康状况，特别是在中长跑时。

（8）如学生出现擦伤、裂伤、挫伤、扭伤、肌肉痉挛（抽筋）、肌肉拉伤、跌倒、运动中腹痛、冻伤、咳嗽不止等意外伤害事件时，学校要立刻停止测试，及时实施救治，必要时立刻拨打120；若学生出现头晕目眩、神志不清、头疼、晕厥、中暑、运动性脱水、休克、开放性损伤、骨折、关节脱臼、胸闷、胸疼、心慌（心悸）、呼吸困难、呕吐、全身抽搐、口吐白沫等严重损伤事件时，必须立刻停止测试，并拨打120，及时将学生送往医院救治，学校应派专人跟踪事件处理的全过程。

（9）学校打印体育教师和学生的调查问卷，调查对象包括专职体育教师（小学、初中、高中）和被抽测学生，每人填写一份（小学生不需要填写），测试结束后将问卷回收。

（三）测试完成后的工作

（1）测试完成后，学校安排6名男教师负责收拾仪器设备，并将设备装上货车，方便转场，车辆由县教育局办公室进行协调安排。

（2）教育局办公室安排两辆小型货车，规格为：2.7米×1.5米×1.5米（长宽高），货车载重1吨左右，带遮雨棚并可乘坐两名跟车人员。

（3）小学组协助完成仪器设备2次转场运输工作（11月11、12日下午），中学/高中组须协助完成3次转场运输工作（11月11、12日中午，11日下午）。

（四）学校提供辅助设施清单

1. 小学部分

表7-2-3

序号	测试区域	所需物品名称	数量	备注
1	身高体重测试	桌子	2张	摆放设备
		椅子	1张	
		海绵垫子	4张	
		遮阳帐篷	1顶	室外测试时提供
2	肺活量测试	桌子	6张	摆放设备
		椅子	1张	
		开口式垃圾桶	2个	丢弃吹嘴
		遮阳帐篷	1顶	室外测试时提供
3	坐位体前屈测试	桌子	2张	摆放设备
		椅子	1张	
		海绵垫子	5张	
		遮阳帐篷	1顶	室外测试时提供
4	仰卧起坐测试	桌子	2张	摆放设备
		椅子	1张	
		遮阳帐篷	1顶	室外测试时提供
5	50米跑测试	桌子	2张	摆放设备
		椅子	1张	
		遮阳帐篷	1顶	
		50米皮尺	1把	
		彩色粉笔	若干	
6	50米×8往返跑测试	桌子	2张	摆放设备
		椅子	1张	
		遮阳帐篷	1顶	
		50米皮尺	1把	
		彩色粉笔	若干	
		终点处小雪糕桶	6个	

续 表

序号	测试区域	所需物品名称	数量	备注
7	跳绳测试	桌子	4张	摆放设备
		椅子	1张	
		遮阳帐篷	1顶	室外测试时提供
		彩色粉笔	2盒	
8	数据采集区	桌子	2张	摆放设备
		椅子	2张	
		遮阳帐篷	1顶	室外测试时提供
		市电电源插座	1个	

2. 中学部分

表7-2-4

序号	测试区域	所需物品名称	数量	备注
1	身高体重测试	桌子	2张	摆放设备
		椅子	1张	
		海绵垫子	4张	
		遮阳帐篷	1顶	室外测试时提供
2	肺活量测试	桌子	3张	摆放设备
		椅子	1张	
		开口式垃圾桶	2个	丢弃吹嘴
		遮阳帐篷	1顶	室外测试时提供
3	坐位体前屈测试	桌子	2张	摆放设备
		椅子	1张	
		海绵垫子	5张	
		遮阳帐篷	1顶	室外测试时提供
4	仰卧起坐测试	桌子	2张	摆放设备
		椅子	1张	
		遮阳帐篷	1顶	室外测试时提供
5	50米跑测试	桌子	2张	摆放设备
		椅子	1张	
		遮阳帐篷	1顶	

续 表

序号	测试区域	所需物品名称	数量	备注
5	50米跑测试	50米皮尺	1把	
		彩色粉笔	2盒	
6	引体向上测试	桌子	2张	摆放设备
		椅子	1张	
		遮阳帐篷	1顶	
7	800/1000米跑测试	桌子	15张	摆放设备和号码服
		椅子	2张	
		遮阳帐篷	4顶	测试学生使用
8	立定跳远测试	桌子	2张	摆放设备
		椅子	1张	
		遮阳帐篷	1顶	室外测试时提供
9	数据采集区	桌子	2张	摆放设备
		椅子	1张	
		遮阳帐篷	1顶	室外测试时提供
		电源插座	1个	

三、测试工作流程

（一）测试前

进校测试前，测试工作组要开展联系对接工作，指导学校做好现场测试的组织、协调和安全保障等准备工作。

1. 联系对接

学校安排一个负责人与教育局联系，协调沟通测试工作的一切相关事宜，确保测试工作顺利开展。

2. 测试设备的保管

测试仪器于测试前一天到达被测学校，学校须严格按照《国家学生体质健康标准》有关规定和要求，安排好课室（有可用电插座的）用于放置测试仪器设备对设备进行调试和充电（仪器为充电式，测试时不需要排插），同时须安排2名以上男性老师协助测试组进行仪器设备充电、调试、装卸和保管等工作。设备进校后被测学校须安排保管员进行看管，并向测试组提供相关联系方式。

3. 测试前场地准备

测试开始前，学校须协助测试工作组对测试场地进行布置，并在各项目测试处放置桌椅、签字笔。所有准备工作必须在测试前半小时（早上最迟开始测试时间不得超过8：30分，下午最迟开始测试时间不得超过14：30分，不可抗力因素除外）全部准备完毕。

4. 安全措施

安全工作做到事前有预案、事中有方案（详见应急预案）。被测学校必须提前做好安全防护工作；中长跑测试现场配备一名校医，确保安全措施及时有效；中长跑的终点处安排3—5名男性和女性老师协助帮扶测试不适的学生离场。

被抽测学校须提前给学生进行测试相关的安全培训，并要求测试时学生应全部穿着适合于运动的服装和运动鞋，严禁穿拖鞋、凉鞋、皮鞋及赤足参加测试。

5. 其他

（1）模拟测试时间为2天（23、24日），共测试6所学校（高级中学、中职、民实、桂中、金小、桂小），每天测试1所小学和2所中学，测试顺序为：23日8：30金禧小学，14：30中职转场民实；24日8：30高级中学转场桂中，14：30桂小。

（2）在测试工作期间，24日测试工作人员的午餐由桂中给予解决，晚餐视情况再决定，如需要则桂小应当给予解决；测试工作交通及测试仪器转场工作由当地教育局负责。

（二）测试中

各项测试工作由测试组负责总体组织与实施，学校协助。

1. 测试准备

（1）测试工作组进校后，组长与学校负责人在测试现场及时沟通，提出工作要求，协调处理相关事宜；组员做好测试相关准备工作（检查测试场地、调试仪器设备等）。

（2）学生在进行测试前统一使用条形码识别设备进行识别，如个别学生出现无法识别的情况时，须使用人工辅助识别。

（3）每年级测试学生60人，男女各30人，每年级学生分成4组（男女各2组），15人一组，学校安排每组学生各由1名教师负责带队参加测试，另外学校再安排6—8名教师协助测试工作（现场学生组织、测试秩序维持等）。

（4）对于跳绳、50米跑、50米×8往返跑、800/1000米长跑等项目，为避免意外运动伤害事故发生，学校设置隔离带，避免无关人员进入现场干扰测试工作；测试前，测试组工作人员、学校教师应再次了解学生当时的身体状况，让学生做好准备活动，对于突发身体不适的学生应立即暂停测试。

2. 实施测试

（1）人员分配

所有项目测试由测试工作组具体操作，每一个项目由1—2名测试人员负责，学校教师协助其工作（现场学生组织、测试秩序维持等）。每位测试工作人员应在其所负责的项目测试完毕后协助其他项目测试。测试组长负责掌控整个测试现场，全面了解测试进程，及时处理相关问题。

（2）规范操作

测试工作组严格按照《国家学生体质健康标准（2014年修订）》技术操作规范进行测试。

（3）学生测试顺序

小学：六年级→五年级→一年级→二年级→三年级→四年级；

初中：三年级→二年级→一年级；

高中：三年级→二年级→一年级。

每个年级测试时间间隔20分钟左右。

（4）项目测试顺序

小学1—2年级：身高→体重→肺活量→坐位体前屈→50米跑→一分钟跳绳；

小学3—4年级：身高→体重→肺活量→坐位体前屈→1分钟仰卧起坐→50米跑→一分钟跳绳；

小学5—6年级：身高→体重→肺活量→坐位体前屈→1分钟仰卧起坐→50米跑→一分钟跳绳→50米×8往返跑；

初、高中：身高→体重→肺活量→坐位体前屈→立定跳远→引体向上（男）/1分钟仰卧起坐（女）→50米跑→1000米跑（男）/800米跑（女）。

需要特别注意的是：在肺活量项目测试前不允许学生进行任何运动，肺活量测试后方可进行其他项目的热身运动。

（5）安全保障工作

校医在测试现场值守，做好一切应急处理准备。测试组及学校教师密切关注现场，关注学生身体状态。同时，在现场测试期间如遇各种突发情况，要严格按照《应急预案》处理。

（三）测试后

测试结束后，测试工作组组长及时将测试结果等相关信息导出交予学校，在测试组离校前，组长必须核对并确认测试成绩，及时保存和备份当日现场测试数据。测试组离校后，组长召集全体组员开会，总结当日测试情况，部署次日测试工作。

图7–2–1

中小学生体质健康抽测情况的表扬

韶关市教育局对乳源瑶族自治县参加2021年广东省中小学生体质健康抽测所取得的优异成绩给予通报表扬。

各县（市、区）教育局、市直学校：

2021年11月，乳源瑶族自治县代表我市承担了2021年广东省中小学生体质健康抽测任务。根据《广东省人民政府教育督导室关于2021年全省中小学〈国家学生体质健康标准〉抽测情况的通报》显示，在全省21个地级市中我市测试优良率为72. 78%，全省排第二名；合格率为99.93%，全省排第二名。

我局对乳源瑶族自治县参加2021年广东省中小学生体质健康抽测所取得的优异成绩给予通报表扬。希望乳源瑶族自治县再接再厉，继续抓好抓实学校体育工作，在国家学生体质健康标准测试工作中再创佳绩。希望其他县（市、区）教育局和市直学校向乳源瑶族自治县教育局学习，全面落实《国家学生体质健康标准》，抓好抓实学校体育工作，在今后国家和省组织的国标抽测中取得优异成绩。

为进一步提升我市学生体质健康水平，确保2022年全市学生体质健康抽测优良率达到50%以上，现将乳源瑶族自治县教育局的良好做法和经验，发给各地各校学习借鉴。

第八章

学校体育硬件

第一节　学校体育硬件策略研究

学校体育硬件的改善对于学校体育工作的开展具有举足轻重的作用，本章探讨了学校体育硬件的背景及其释义，同时阐述了学校体育硬件的内涵与核心要素，通过对学校体育硬件的特点与功能进行探究，调查分析了韶关市9所基地学校的体育硬件的现状，为韶关市基地学校的体育场地和体育器材的利用提出合理的策略和有效的解决方法。

一、学校体育硬件研究背景

国家根据《中共中央国务院关于加强青少年体育增强青少年体质的意见》（中发〔2007〕7号）要求，为保证学生成长健康，依照《学校体育工作条例》《中学体育器材配备目录》《学校卫生工作条例》以及现有涉及中学建筑、教学卫生等方面的相关规定和政策规定，制定了《国家学校体育卫生条件试行基本标准》。广东省根据《国家学校体育卫生条件试行基本标准》制定了《广东省中小学校体育卫生工作条件基本标准（试行）》（以下简称《标准》），对体育教师、体育场地器材、教学卫生、生活设置、卫生保健室配备以及学生健康体检等方面明确了开展学校体育卫生所必不可少的条件，是中学办学应达到的最基本标准，在教育检查、督导和评估工作中尤为重要，也是中学生体育锻炼和运动发展所要遵循的国家标准。

本章对学校体育硬件展开研究，目的在于通过改善及合理利用学校体育场地和体育器材，进而促进学校体育教学活动的开展和学校体育文化的建设，同时挖掘学生对体育活动的学习兴趣，培养其核心素养，树立其终身体育的意识。

二、学校体育硬件概念的界定

学校体育硬件是指满足学校体育教学使用要求的场地、体育器材和相关固定的体育附属设备，是体育教学中的重要组成部分。

根据《中学体育器材配备目录》和《标准》的要求，学校体育硬件包括学校体育场地和学校体育器材两部分。学校体育场地是指在学校开展体育竞赛、运动训练和体育教学等相关体育活动所涉及的位置。不同体育项目的开展，对体育场地的要求不一，常见的体育场地包括了足球场、篮球场、排球场、羽毛球场和乒乓球场等场地。学校体育器材是指满足于体育竞赛、运动训练和体育教学等相关体育活动所使用的体育器械。学校体育器材又分为体育教学器材、体育活动健身器材、体育测试器材三部分，通常学校体育器材是指“走、跑、跳、投”教学过程中所需使用的器材。

学校体育场地与学校体育器材既相互独立，又有着紧密联系，两者相互制约、互相影响。

三、学校体育硬件内涵与核心要素

本章的学校体育硬件是指包括体育课、体育大课间活动及课外体育活动等活动涉及的体育运动的场地和器材。

学校体育硬件是师生积极开展和参与体育活动的重要载体和物质基础，是学校打造校园体育特色项目和体育文化必不可少的重要组成部分。学校体育硬件的充分利用，有助于在学校体育工作中促进师生积极开展和参与学校体育活动，有利于提高学生在体育学习活动中提高体育学习的兴趣。通过学校体育硬件的辅助，学校体育能够在较短时间内促进学生专项体育运动的发展，使得教学效果更为突出。

在开展体育运动时，学校体育硬件能够有效促进学生体育能力的发展。同时，体育教师可以充分利用体育硬件对学生的运动专项技术做出即时评价，并能够在活动过程中更清晰、准确地展示各体育专项的项目特征。

四、学校体育硬件的特点与功能

（一）学校体育硬件的特点

1. 针对性

适宜的体育场地与体育器材对激发学生的运动兴趣，形成良好的运动技能，促进学生在运动能力、健康行为和体育品德等方面的提高，具有非常重要的作用。因此，学校体育硬件也必须适应学生的身心发育特点，才能更好地在体育教学活动中提高体育教学效果，进而更好地培养学生对体育活动的爱好，树立学生终身体育的意识。

2. 实用性

有些基地学校的部分体育场地和体育器材只是在体育比赛活动中使用，或作其他用途，有相当一部分体育器材没有被充分利用，如铁饼、标枪、铅球等，这些器材竞技性较强，仅为少数高水平运动队的学生所使用，使用率低。

为此，一方面，学校应结合财力，以实用性为原则尽量配齐所需的体育设备，同时保证设备的安全性。另一方面，学校也要努力利用现有的体育设施资源，在安全、实用的前提下，发挥创造力，制作简易实用的多功能体育器材等。尤其是农村基地学校大多缺乏充足的体育经费，自制器材便成为体育器材的主要来源。

3. 多样性

学校体育硬件在学校体育中不仅具有显著的针对性和实用性，同时还兼备了多样性，《义务教育体育与健康课程标准（2022年版）》指出：体育与健康课程以习近平新时代中国特色社会主义思想为指导，全面贯彻党的教育方针，落实立德树人根本任务，坚持“健康第一”教育理念，以中国学生发展核心素养为引领，体现育体与育心、体育与健康教育相融合，充分体现健身育人本质特征，引导学生形成健康与安全的意识及良好的生活方式，促进学生身心健康、体魄强健、全面发展。这一课程理念要求我们的学校体育要具有多样性，学校体育硬件既要能够满足学校体育教学秩序的正常开展，又要满足学校体育竞赛和运动训练等活动需要，同时在充分利用学校体育设备设施的过程中，逐步形成校园文化。

（二）学校体育硬件的功能

1. 学校体育硬件的改善有利于提高体育教学效果

多数学校的体育硬件设施不完善，有些学校的硬件设施较为齐全但老旧或损坏严重，存在安全隐患；有些学校甚至完全没有配齐配足体育硬件设施。这不仅影响到学生的课堂学习效率和参与体育运动的动力，还会影响教师开展教育教学的积极性，最终导致教学效果差强人意，学生的体质健康难以得到提高。

改善学校体育硬件设施设备的建设，保障学校体育教学活动的正常开展，加强学校体育场馆、体育教学专业教室、器材配备等的建设，以此促进学校体育的各项教学条件的改善，有利于全面提高学生体质健康和体育教学效果。

2. 学校体育硬件的改善有利于建设学校体育文化

学校体育文化作为体育文化的重要组成部分，学校体育教学硬件是校园环境中孕育形成学校体育文化的形态之一，是在体育教学、体育科研、体育教学管理、体育竞赛管理中形成的物质和精神的总和，具有明显的民族特征和鲜明的时代特征。

其中体育教学硬件的改善能够体现学校体育文化建设的使命与价值，消除校园体育文化建设的不均衡性和差异性，对学校体育文化的建设与发展新时期体育文化、践行新时代体育强国理念具有重大的时代意义。

3. 学校体育硬件的改善有利于提高学生体育学习兴趣

学校体育硬件设施是学校开展体育工作必不可少的物质条件。学校体育课程是由课程实施主体、途径、环境等因素构成的，没有良好的运动实施环境，主体和途径就无从谈起。体育硬件设施作为必不可少的物质条件，影响着学校体育教学、课外体育活动和课余体育训练的正常进行，而体育场地器材设施的现代化更是衡量学校教育现代化的重要内容。

学校将体育场地器材设施建设配备工作列入学校整体建设发展规划，科学合理地布局运动场所，按照器材配备目录标准足量配齐器材设施有利于在教育教学过程中建立良好的学习环境，激发学生的学习兴趣。与此同时，结合学生体质健康标准工作的实施，强化中学体育器材的配备工作，将这项工作纳入对学校年终工作目标责任制的重点检查内容，从而使学校体育设施建设得到加强。

五、基地学校体育硬件的现状

（一）基地学校自然情况

表8-1-1

序号	学校名称	所在县区	学校性质	初中学生人数（人）	初中班级数量（个）
1	新丰县第三中学	新丰县	初中	2653	49
2	广东省韶关市第十四中学	武江区	初中	1377	29
3	广东韶关实验中学	市属	完全中学	3369	74
4	韶关市第十三中学	浈江区	初中	1080	24
5	南雄市实验中学	南雄市	初中	2600	51
6	乐昌市第三中学	乐昌市	九年一贯	1986	38
7	仁化县实验学校	仁化县	九年一贯	1040	20
8	翁源县龙仙中学	翁源县	初中	2800	52
9	韶关市曲江初级中学	曲江区	初中	3400	68
	合计			20305	405

表8-1-1是各校的基本情况，其中有6所学校的学校性质为“初中”；有2所学校的学校性质为“九年一贯”；有1所学校的学校性质为“完全中学”。9所学校的学生人数均在1000人以上，人数最多的学校已达到3400人。基于此表可以看出现在的中学学生人数基数大，在一定程度上给体育教学带来了难度，只有相对充足的师资、场地、器材，才能更好地开展体育教学，提高学生体育成绩，增强学生体质。

（二）基地学校体育硬件设施建设情况

1. 基地学校体育场地设施现状

学校田径场场地规格统计表（n=9）。

表8–1–2

选项	小计	比例（%）
400米	7	77.78
300米	0	0.00
200米	2	22.22
不足200米	0	0.00
没有	0	0.00

学校田径场场地质地统计表（n=9）。

表8–1–3

选项	小计	比例（%）
煤渣	0	0.00
泥土	0	0.00
塑胶	9	100

学校田径场是否达到省配备标准统计表（n=9）。

表8–1–4

选项	小计	比例（%）
是	7	77.78
否	2	22.22

学校田径场场地利用率统计表（n=9）。

表8–1–5

选项	小计	比例（%）
高	7	77.78
较高	1	11.11
一般	1	11.11
较低	0	0.00

表8–1–2到表8–1–5是对各校的田径场场地的规格、质地、是否达到省配备标准及场地利用率进行的调查，调查结果表明：有7所学校的田径场规格

为标准的400米场地，占总比例的77.78%，有2所学校的场地规格为200米场地，占总比例的22.22%；9所学校的田径场场地均为塑胶场地；有7所学校的田径场场地已达到省配备标准，占总比例的77.78%，有2所学校田径场场地未达到省配备标准，占总比例的22.22%；有7所学校认为本校的田径场场地利用率高，占总比例的77.78%，有1所学校认为本校田径场场地利用率较高，占总比例的11.11%，有1所学校认为本校的田径场场地利用率一般，占总比例的11.11%。

学校体育场地的建设完善，有利于教师更科学地安排课程、设置丰富的教学内容、组织多样化教学形式，能更好地开展体育教学、课外体育活动、课余运动训练及体育竞赛等活动，以达到提高学生跑、跳、投的运动能力。

学校是否有足球场统计表（n=9）。

表8-1-6

选项	小计	比例（%）
是	8	88.89
否	1	11.11

学校足球场规格统计表（n=8）。

表8-1-7

选项	小计	比例（%）
11人制足球场	5	62.50
7人制足球场	3	37.50
5人制足球场	0	0.00

学校足球场场地质地调查统计表（n=8）。

表8-1-8

选项	小计	比例（%）
人工草地	1	12.50
天然草地	7	87.50

学校足球场场地利用率情况统计表（n=8）。

表8–1–9

选项	小计	比例（%）
高	5	62.50
较高	1	12.50
一般	2	25.00
较低	0	0.00

表8–1–6到表8–1–9是对9所学校的足球场场地进行的调查，调查结果表明：有8所学校有足球场场地，占总比例的88.89%，有1所学校没有足球场场地，占总比例的11.11%；有5所学校满足了11人制足球场，占有足球场场地学校总数的62.5%，有3所学校有7人制足球场，占有足球场学校总数的37.5%；有1所学校的足球场场地质地为人工草地，占有足球场学校总数的12.5%，有7所学校的足球场场地质地为天然草地，占有足球场学校总数的87.5%；有5所学校表示足球场场地利用率高，占有足球场学校总数的62.5%，有1所学校表示足球场场地利用率较高，占有足球场学校总数的12.5%，有2所学校表示足球场场地利用率一般，占有足球场学校总数的25%。

综上数据表明：只有1所学校没有足球场场地，其余8所学校都有足球场场地，并且足球场的规格、质地和利用率基本上能满足本校足球教学、训练和竞赛等活动。足球场场地的建设完善，使得教师能更好地组织学校学生进行足球教学、运动训练和体育竞赛等活动，有效提高学生体育中考足球考试的成绩。与此同时，还增强了学生体质，并在足球活动中培养了学生的团结协作精神，磨炼学生的意志品质。

学校篮球场地质地调查统计表（n=9）。

表8–1–10

选项	小计	比例（%）
塑胶篮球场	5	55.56
水泥篮球场	3	33.33
木地板篮球场	1	11.11

篮球场是否达到省配备标准调查统计表（n=9）。

表8-1-11

选项	小计	比例（%）
是	4	44.44
否	5	55.56

篮球场场地利用率情况统计表（n=9）。

表8-1-12

选项	小计	比例（%）
高	8	88.89
较高	1	11.11
一般	0	0.00
较低	0	0.00

表8-1-10到表8-1-12是对学校篮球场场地情况进行的调查统计。调查结果显示：首先是9所学校中篮球场的质地，有5所学校的球场质地为塑胶，占总比例的55.56%，3所学校的球场质地为水泥，占总比例的33.33%，1所学校的球场质地为木地板，占总比例的11.11%；其次是各校的篮球场是否达到省配备标准，有4所学校已达标，占总比例的44.44%，有5所学校未达标，占总比例的55.56%；最后是各学校的篮球场利用率情况调查统计，结果显示有8所学校表示本校的篮球场利用率高，占总比例的88.89%，有1所学校表示本校的篮球场利用率较高，占总比例的11.11%。

篮球是中考体育的自选项之一，且韶关市大部分中考学生都比较倾向于选择篮球选项进行考试，而篮球场场地的改善，为教师和学生提供了更优的课堂和训练环境。篮球场设施的完善，能够促使更多的学生选择篮球进行课余体育活动，促进学生学习篮球技能的效率，提高教学效果，从而能够达到提高学生的体质健康、缓解学生学习压力、促进学生的个性发展和自我完善等目的。

学校排球场场地利用率情况统计表（n=9）。

表8-1-13

选项	小计	比例（%）
高	2	22.22
较高	3	33.33

续 表

选项	小计	比例（%）
一般	2	22.22
较低	2	22.22

羽毛球场场地利用率情况统计表（n=9）。

表8–1–14

选项	小计	比例（%）
高	1	11.11
较高	2	22.22
一般	4	44.44
较低	2	22.22

乒乓球台利用率调查统计表（n=9）。

表8–1–15

选项	小计	比例（%）
高	2	22.22
较高	1	11.11
一般	3	33.33
较低	3	33.33

表8–1–13到表8–1–15是对排球场场地、羽毛球场场地和乒乓球台的利用率进行的调查统计：首先是排球场场地利用率高、较高、一般和较低的学校分别有2所、3所、2所、2所，分别占总比例的22.22%、33.33%、22.22%和22.22%；其次是羽毛球场场地利用率高、较高、一般和较低的学校分别为1所、2所、4所、2所，分别占总比例的11.11%、22.22%、44.44%和22.22%；最后是乒乓球台的利用率，利用率高、较高、一般和较低的学校分别有2所、1所、3所、3所，分别占总比例的22.22%、11.11%、33.33%和33.33%。

综上所述，大多数学校的排球场场地、羽毛球场场地和乒乓球台的利用率都不高。教师在体育教学和运动训练过程中应充分利用学校的各种场地进行不同体育项目的教学，这样有利于培养学生广泛的体育兴趣爱好，全面促进学生的体质健康。

器械体操区场地利用率情况统计表（n=9）。

表8-1-16

选项	小计	比例（%）
高	2	22.22
较高	2	22.22
一般	3	33.33
较低	2	22.22

器械体操区场地是否符合省配备标准调查统计表（n=9）。

表8-1-17

选项	小计	比例（%）
是	4	44.44
否	5	55.56

表8-1-16到表8-1-17调查统计了器械体操区场地利用率和是否符合省配备标准的情况，调查数据显示：器械体操区场地的利用率高的学校有2所，占总比例的22.22%，利用率较高和一般的学校分有2所和3所，分别占总比例的22.22%和33.33%，利用率较低的有2所，占总比例的22.22%。通过器械体操区场地是否符合省配备标准的调查数据显示出，有4所学校能够达到省配备标准，占总比例的44.44%，有5所学校未达标，占总比例的55.56%。

以上数据说明了有一部分学校相对重视体操的教学，学校的体操器械不仅达到省配备标准，而且还能充分利用场地开展体操教学。有一部分学校体操器械不足，难以开展体操教学。体操内容在中学体育教学中也是重要的教学内容，它不仅能增强学生协调及柔韧素质，更能培养学生的体育竞赛意识。

各校在成为体育基地学校（2020—2022年）期间，体育场地器材改善情况统计表（n=9）。

表8-1-18

选项	小计	比例（%）
改善很大	4	44.44
有些改善	5	55.56
没有变化	0	0.00

表8-1-18数据显示的是2020—2022年期间9所体育基地学校体育场地和器材的改善情况，有4所学校在成为体育基地学校期间，学校的体育场地和器材有很大的改善，有5所学校的体育场地和器材的改善结果是有些改善。本章通过对调研数据进行分析，得出体育场地和器材改善很大的学校占总比例的44.44%，有些改善的学校占总比例的55.56%。这结论说明各校越来越重视体育教学，并通过积极开展体育课程教学来达到培养学生运动能力、健康行为和体育品德等方面能力的目的。

2. 基地学校体育器材设施现状

各校是否有专门的体育器材室调查统计表（n=9）。

表8-1-19

选项	小计	比例（%）
有	9	100
没有	0	0.00
和办公室混用	0	0.00

各校体育场地、器材规格是否符合《标准》规格调查统计表（n=9）。

表8-1-20

选项	小计	比例（%）
完成符合	2	22.22
基本符合	6	66.67
不符合	1	11.11

各校体育场地器材配备能否满足体育教学、课外体育活动及体育比赛需求调查统计表（n=9）。

表8-1-21

选项	小计	比例（%）
完全满足	1	11.11
基本满足	6	66.67
不能满足	2	22.22

表8-1-19中的数据表明，9所学校都有专门的体育器材室。表8-1-20中的数据显示出，各校体育场地、器材规格完全符合《标准》规格的学校有2所，占总比例的22.22%，基本符合的学校有6所，占总比例的66.67%，不符合的学校有1所，占总比例的11.11%。表8-1-21是对各校体育场地器材配备能否满足体育教学、课外体育活动及体育比赛需求的调查，调查结果显示，有1所学校的体育场地器材配备是完全满足需求的，占总比例的11.11%，有6所学校是基本满足的，占总比例的66.67%，有2所学校是不能满足的，占总比例的22.22%。

以上数据说明：9所体育基地学校，大部分体育硬件设施能够达到基本的要求，但还是存在一定程度的缺失。由于学校在建设这部分设施的时候规划、资金方面存在不足，班级数量多，学生数量多，导致很多学校的体育硬件设施与学生人数的比例失调，甚至于有些学校的体育硬件设施不能够很好地满足体育教学。

各校是否有自制、改造体育器材调查统计表（n=9）。

表8-1-22

选项	小计	比例（%）
有	4	44.44
没有	5	55.56

表8-1—22调查统计了9所基地学校自制、改造体育器材的情况：其中有4所学校有自制、改造体育器材的现象，占总比例的44.44%，有5所学校没有自制、改造体育器材的现象，占总比例的55.56%。

数据表明目前有部分学校的体育器材较匮乏，学校体育场馆等设施不足或对师生开放程度较低。教师可以通过培养学生的动手能力，充分利用本校当前的条件来自主地开发一些体育器材，并根据基地学校体育器材、体育场馆的管理规章制度对其合理地规范化管理，使得本校的体育器材和场馆能够更好地满足于师生日常的体育教学、运动训练、体育竞赛以及课余体育活动等方面的活动，这样既能充分发挥学生的主观能动性，还能提高师生参与体育教学的积极性。

各校田径类体育器材使用率调查统计表（n=9）。

表8-1-23

选项	综合得分	第1位	第2位	第3位	第4位	第5位	第6位	第7位	小计
标志杆	5.67	4（50%）	3（37.5%）	1（12.5%）	0（0%）	0（0%）	0（0%）	0（0%）	8
接力棒	5.22	4（50%）	1（12.5%）	2（25%）	0（0%）	1（12.5%）	0（0%）	0（0%）	8
实心球	4.44	0（0%）	2（25%）	4（50%）	2（25%）	0（0%）	0（0%）	0（0%）	8
跨栏架	3.22	1（12.5%）	1（12.5%）	0（0%）	2（25%）	1（12.5%）	2（25%）	1（12.5%）	8
跳高架	3	0（0%）	1（11.11%）	1（11.11%）	1（11.11%）	2（22.22%）	2（22.22%）	2（22.22%）	9
铅球	2.22	0（0%）	1（14.29%）	0（0%）	0（0%）	3（42.86%）	2（28.57%）	1（14.29%）	7
垒球	1.89	0（0%）	0（0%）	0（0%）	3（42.86%）	0（0%）	1（14.29%）	3（42.86%）	7

田径类教学内容是体育教学内容的重要组成部分，也是学生必须掌握的运动技能。教学中器材的使用是提高“学、练、赛”的兴趣和效果的催化剂，对田径教学的有效开展有着举足轻重的作用。表8-1-23是各校田径类体育器材使用率的调查，从表中可以看出使用率比较高的器材有标志杆、接力棒、实心球，其他器材也有使用，但是相对比较少，使用率不高。

各校体操类体育器材使用率调查统计表（n=9）。

表8-1-24

选项	综合得分	第1位	第2位	第3位	第4位	第5位	第6位	第7位	小计
单杠	6.56	5（55.56%）	4（44.44%）	0（0%）	0（0%）	0（0%）	0（0%）	0（0%）	9
体操垫	5.78	3（33.33%）	2（22.22%）	3（33.33%）	1（11.11%）	0（0%）	0（0%）	0（0%）	9
平梯	5	1（11.11%）	2（22.22%）	3（33.33%）	2（22.22%）	1（11.11%）	0（0%）	0（0%）	9
双杠	3.56	0（0%）	1（14.29%）	3（42.86%）	2（28.57%）	1（14.29%）	0（0%）	0（0%）	7

续表

选项	综合得分	第1位	第2位	第3位	第4位	第5位	第6位	第7位	小计
肋木	2.22	0（0%）	0（0%）	0（0%）	2（28.57%）	2（28.57%）	3（42.86%）	0（0%）	7
山羊	1.78	0（0%）	0（0%）	0（0%）	0（0%）	3（42.86%）	3（42.86%）	1（14.29%）	7
跳箱	0.89	0（0%）	0（0%）	0（0%）	0（0%）	0（0%）	1（14.29%）	6（85.71%）	7

健身、体操类教学内容虽然所占比重不多，但也是学校体育教学中不可缺少的重要组成部分，它对培养学生顽强拼搏、不畏艰难的精神有着特殊的指导作用，而器材配备的数量和质量是健身、体操类教学安全有效开展的前提条件。表8-1-24是对各校体操类体育器材使用率的调查表，使用率比较高的体操类体育器材有单杠、体操垫、平梯。有些学校并没有配备相关的体操器材或体育器材数量不足，教学中利用率不高。

综上所述，各校的田径类、体操类体育器材使用率侧重点有所不同，教师应全面地用好、管理好现有的器材。教师在使用体育器材时应做好安全教育工作，加强对学生的安全教育，增强学生使用体育器材的自我保护意识。同时，提高学生爱护器材的意识，充分提高体育器材的使用率。

六、基地学校体育场地的利用

（一）基地学校体育场地利用原则

1. 资源统筹、均衡发展的原则

基地学校体育场地的利用要以基地学校现有体育场地资源为基础，以满足学校师生体育活动需求为重要出发点，遵循资源统筹、均衡发展的原则，促进全市基地学校体育场地设施资源均衡、加强共享、有序建设。

2. 优化布局、注重实际原则

基地学校体育场地设施的利用要注重实际，实现场地设施利用与韶关市经济社会承受能力相匹配，与学校学段体育基础相融合，优化体育场地的建设布局构建具有特色、显现风采的体育场地设施网络。

3. 改旧建新、竞群结合原则

学校要高度注重对现有场地的升级改造，发挥存量优势，同时适度兴建新场馆，以适应现代学校体育发展的需要。

4. 因地制宜、差别化配置原则

基地学校更新兼顾公共体育设施提升优化，结合本校实际改造逐步推进；新建场地按规模化、标准化高标准配置建设。

（二）基地学校体育场地利用方法

1. 提高对现有体育场地的利用效率

提高对现有体育场地设施资源的使用效率。各基地学校通过提高对于这些场地设施的利用效率可以很好地实现对体育设施资源的有效合理利用，这是能够快速解决体育基础教学设施不足的问题的主要方法和途径。各基地学校在开发利用体育场地设施的情况下要提高对现有体育场地设施的利用效率。

2. 合理布局体育场地

对现有的体育场地进行重新规划，合理布局体育场地。各基地学校通过对学校学生进行抽样调查了解学生对哪些体育运动的兴趣程度更高，更好地实现体育场地设施资源的有效利用，同时也能提高学校对体育场地布局的合理性。

合理布局当前的体育运动场馆，可以最有效率地发挥这些场地应有的作用，同时也可以最大限度地发挥运动场地的实际作用。在布局体育场地设施的时候，需要兼顾两个方面，一个方面是需要对学生的具体体育运动需求进行把握，另一个方面是需要兼顾学校各项赛事的开展，同时方便教学的开展。在保证学生安全的前提下，对资源进行合理的布局。

3. 共享校外体育设施

充分利用学校周边的体育场地设施使用情况，是提高校内体育场地的使用效率的一大途径，同时能够缓解校内体育场地设施不足的现状。实现学校与社区之间的沟通，利用社区的体育资源来完善学校体育设施的不足，是社会与学校两方面的双赢，既有利于社会体育的发展，也有利于学校体育的发展。一方面通过对社区体育资源的使用，可以保证社区的资源能够得到充分的利用，使部分校内没有的体育场地可以在校外得到很好的利用；另一方面，可以很好地实现学校与社区之间的联系，建立起社区与学校之间的桥梁，从而给学生搭建起来一个更加健康的成长学习环境。

社区体育设施相对于学校的体育设施来说，是对学校体育设施的一种补充。由于这些年国家大力推进城区基础设施建设，这就使得社区的基础设施建设更加的完备。在这样的条件下，社区与学校之间桥梁的构建，可以很好地并高效率地利用这两个方面的资源，学生在上体育课的时候就可以有机会体会按照课堂学习的理论和模拟技能练习的方法在实际场地的应用所带来的好处，这会让学生更加喜欢这门课程并且对这门课程更加有兴趣。

（三）基地学校体育场地利用注意问题

1. 提高场地利用效率，避免场地利用拥挤与荒废

基地学校大部分体育场地设施是能够达到基本的要求，但还是存在因一定程度的缺失或是不合理的利用而造成体育场地的拥挤或荒废的现象。由于学校在建设这部分设施的时候规划、资金方面存在不足，在班级数量多，学生数量大的情况下，很多学校的体育场地设施与学生人数的比例失调，甚至于有些学校的体育场地设施不能够很好地满足体育教学需求。体育场地设施的建设并不是在短时间内能够解决的问题，需要一定的经济以及政策上的投入，基于这一原因，就有必要去提高体育场地的利用效率。学校在对体育场地设施资源开发时要结合本校体育场地的实际情况，合理分布体育场地设施，充分利用现有体育场地去开展体育教学等活动。学校在利用体育场地时要最大限度挖掘各项体育场地设施的使用空间和使用时间，同时还需要注意场地的保养工作，详细地对学校体育场地的整体布局进行合理的规划。学校可以制定相应的使用时间表格，通过这个表格来具体地规划运动场地和运动器材的使用时间，最大限度地去挖掘和利用现有场地。

2. 体育场地资源共享，重视多样化利用场地

从现状来看，基地学校很少有与当前社区联系的情况，社区的体育场地大部分都是封闭状态。这种情况无论是对学校的课程开发还是学生的学习环境来说都是十分不利的，从调查的数据显示，学校不借用社区体育设施的主要就是因为学生的安全问题，这就需要当前校领导重新审视这双方之间的关系，并且能够探索出一条在保证学生安全的前提下，实现对社区体育资源以及学校体育资源充分利用的道路。

七、基地学校体育器材利用对策

（一）基地学校体育器材利用原则

1. 安全性原则

《义务教育体育与健康课程标准（2022年版）》指出要坚持“健康第一”的教育理念，这是体育教师进行体育教学的出发点和归宿点，学校体育器材的利用是建立在安全的前提下进行的，体育器材的安全性是放在首位的。学生在学习的过程中要遵循器材使用的要求，遵守教师发出的指令。在整个教学过程中教师要监督学生科学合理地摆放体育器材并实时关注器材使用的动向。

2. 简便性原则

学校体育器材的利用，需要把握一个重要的原则，那就是简单、方便使用。体育器材的利用，需要考虑到教师在教学和学生在课堂学习过程中的简便性。在日常的体育教学过程中，常常在一节课的教学中会使用到多类体育器材，体育器材的用途较为广泛，种类较多，因此在利用体育器材时需要遵循器材的简便性原则。

3. 实效性原则

学校体育器材的利用要根据本校的实际情况因地制宜，符合学生的主观能动性和学生身心特征，在教学等活动中要切实可行、可用且能够在过程中获得明显的教学效果。

（二）基地学校体育器材利用方法

1. 拓展体育器材功能，实现“一物多用”和“一用多物”

体育器材要实现“一用多物”和“一物多用”的功能，需要根据基地学校现有体育器材的特点来充分地开发使用。由于传统的体育教学模式对于这些体育器材的其他功能没充分地去开发利用，导致这些体育器材的功能不能很好地应用在体育教学等活动中，这就需要学校去开发体育器材“一用多物”和“一物多用”的功能来提高对体育器材的使用效率。例如，跨栏架不仅被利用于跨越训练、竞赛中，还可以衍生出其他体育器材功能，如在足球训练中可作为射门的工具，在障碍跑的教学过程中也可以把跨栏架作为一种钻越的障碍物等，在使用效果上与专门的器材相比没有太大的区别。又如标枪这种器材也不仅仅只是用来投掷，可以在两个标枪上拉上一根皮筋用来做跳高用的跳高架，而且通过对皮筋不同高度的设置可以实现钻越、跳跃练习等多种训练，这样就可以很好地实现对于现有器材的“一物多用”。

器材的“一用多物”功能的开发则需根据教学内容灵活地使用场地和器材。对于器材的“一用多物”，在保证对现有体育教学器材进行使用的情况下，可以节省经费，这样就可以直接有效地缓解体育设施不足的情况，对于基地学校中学体育教学的顺利开展也具有十分重要的意义。

2. 开拓师生思维，创新体育器材

根据新课程改革的要求，培养学生的综合素质，改善当前学生在教育中的被动地位，将学生作为教学的主体，充分地发挥学生的个性特长以及主观能动性，重点把握学生的创新精神和创新能力的培养。在当前基地学校体育器材匮乏的情况下，可以培养师生的动手能力利用当前的条件来自主地创新一些体育器材。

相关数据显示，无论是体育场地还是体育器材对于学生的开放程度来说都是不尽如人意的，根据对相关的管理人员进行走访调查可知，很多学校是制定了相应的规章和制度，但落实的情况却是不尽如人意。

由此可以看出，在基地学校利用学生的课余时间去让师生创新简易的体育器材就显得很有必要，正是因为开放程度存在问题，才直接导致了这些体育设施和体育器材在使用上存在效率低下的问题。而通过合理地利用课余的时间组织学生开发一些简易的体育器材，不仅可以缓解当前体育器材“僧多粥少”的问题，还可以充分发挥学生的主观能动性以及参与体育学习的积极性。

3. 废物重复利用，增加体育器材

每个学校几乎都会有一些体育器材的损耗，大多数学校处理损坏的体育器材都是报废处理，在器材不充裕的情况下，这些损坏的体育器材则变得弥足珍贵，可以充分利用损坏的体育器材进行废物利用，增添体育器材。具体来说，可以组织师生利用生活中使用的废旧物品、生产工具、生活设施以及各种生活物品来实现变废为宝，这就是一个“可持续”利用概念的应用。从调查中学生制作体育器材的种类来看，主要有沙包、毽子、铁环等，这些都是可以在已有废旧的体育器材上通过“再加工”制作出来的。废物重复利用：一方面，可以增强学生的动手能力；另一方面，学生对于体育课程的兴趣会进一步提高，这样不仅仅可以提高体育用品的循环再利用，也可以提高体育教学的趣味性。

（三）基地学校体育器材利用注意问题

1. 把握体育器材用途，积极挖掘器材妙用

体育器材的用途灵活并且广泛，这就需要我们广大一线体育教师和学生共同去探究这些体育器材的用途，在教中、学中挖掘体育器材的妙用。从现代的教育观来看，要求我们要对学生实施素质教育，要求学生要全面发展。但是很多学校由于大环境的学习竞争压力，并没有重视体育教育，部分学校领导对体育教育的重视也不够。随着社会的进步与发展，传统观念逐渐会被新型观念取代，所以我们要不断地改善体育器材设施，添置相关体育器材，同时也要克服体育器材不足的弊端，灵活把握体育器材用途，克服体育活动器材带来的困难，积极挖掘器材的妙用之处。

2. 优化体育器材内容，创新适宜、安全器材

体育器材的种类很多，大小、重量各不相同，在对体育器材进行创新时，教师首先应考虑学生的年龄特点，选择符合学生年龄特点的器材进行创新。如果所创新器材超出了学生的能力承受范围，器材过重、过大、过高或具有安全隐患，不仅会影响教学目标的达成，还会严重地影响学生身体骨骼、机能的健全发展，甚至出现教学安全事故。

在创新器材时，教师还要考虑器材与体育场地结合。如教师要根据室内室外环境、塑胶场地与草地等不同的活动环境，创新适宜的体育器材。

教师要根据学生的实际情况，选择设计适合课堂教学的器材。在创新器材前，教师必须仔细考虑器材的功能，合理开发器材的潜在功能，精心设计器材在课堂中的活动安排，做到课堂中器材的简洁、实用、高效、安全，实现体育器材在课堂中的有效运用，为达成课堂教学、体育竞赛和运动训练目标服务，为促进学生的全面发展服务。

第二节　学校体育场地优化案例

韶关市第十三中学基地建设硬件改善篇

一、硬件概况

（一）设备（或场地）名称

韶关市第十三中学篮球场。

（二）制作（或设计）方法

在篮球场放置临时性的敏捷梯、塑料足球杆、小栏架及雪糕筒进行足球训练或比赛。

（三）设计理念

韶关市第十三中学受场地限制，在开展体育升中考试足球绕杆训练和参加浈江区举行的足球比赛时，遇到各种困难。为了解决这些难题，充分利用篮球场地进行足球训练或五人制足球赛。体育科组：首先，在篮球场上不同地点放置敏捷梯，进行节奏及步频专项准备活动训练，提升学生脚对球的支配能力；其次，在一定的间隔距离摆放好小栏架，通过单脚跳或收腹跳训练来提升学生下肢力量及腰腹力量；再次，用塑料足球杆，按照体育升中考试要求，设置25米的足球绕杆训练场地（其中一个篮球场能放置两排足球杆，篮球场底线是起点）；最后，通过摆放雪糕筒，把两个篮球场连接起来当成一个五人制足球场地进行教学比赛。

（四）主要功能

在篮球场放置临时性的敏捷梯、塑料足球杆、小栏架及雪糕筒进行足球训练或比赛，提升学生节奏感、出脚频率、下肢及腰腹力量，解决学生没有足球场地进行实战比赛的困难。

（五）使用方法

在体育老师指导下进行相应训练。

二、特色亮点

利用有限场地，同时进行篮球训练和足球训练。

三、相片展示

图8–2–1

小场地，做大足球文章

——韶关市第十四中学小场地足球教学、比赛方法初探

一、研究背景

2014年11月26日，全国青少年校园足球电视电话会议召开，并做出重要指示，要求抓好青少年足球、加强学校体育工作重要指示精神，推进校园足球普及，促进青少年强身健体、全面发展，夯实国家足球事业人才基础。

《关于加快发展青少年校园足球的实施意见》中要求每周至少安排1节足球课，这每周1节的足球课怎样去编排、组织，如何让这些学生在足球课上感受到足球带给他们的快乐并掌握基本的足球技术，从而为他们将来喜欢足球、热爱足球打下坚实的基础，是校园足球工作中一个最核心的任务。“阳光体育”“阳光四点半活动”需要为学生们提供在阳光下运动的场地，目前学校体育场地普遍不足的问题将是制约“阳光体育”“阳光四点半活动”开展的一个重要问题。地处粤北山区的韶关，这个问题尤其显著。研究“小场地校园足球教学和比赛”势在必行，且非常有实用价值和推广价值。

二、研究内容

（一）小场地足球教学

1. 足球教学理念的更新

美国国家体育锻炼标准的出发点是学生“应该知道什么和能做什么”。高质量的体育教育必须要能够提高学生的体育能力、健康相关的体能、责任感、使学生能够享受体育锻炼的过程，从而达到终身体育的目的。美国的教学理念给我很大的启发，非常值得我学习、借鉴和研究。因此我在设计教学计划时考虑了多方面原因，结合学校条件以及学生身体状况合理制订教学计划，最大限度地调动学生兴趣，使学生真正地学懂、学会。

2. 足球教学计划的更新

一般的足球教学，都是从颠球、传球、射门等单个的技术动作学习，但法国的足球教学思路却给了我很大的触动。法国的足球教学思路：“教学就是为比赛服务。足球整场比赛可以简单地分为两个阶段：有球阶段和无球阶段。有球阶段的目标是射门，分为控球推进和拉开空当射门两个阶段；无球阶段的目标是重夺球权，分为保护球门、抢球和夺回球权、由守转攻两个阶段。”这个简单的分类理论是足球理论的核心。比如针对传球的练习，必须清楚它指的是控球、推进阶段的传球，还是拉开空当、射门阶段的传球，因为不同阶段的传球有不同的特征，因此需要球员掌握不同的技能。

这个理念让我对足球教学计划进行了更新。根据“有球阶段”和“无球阶段”来设计教学内容，而不是单一的技术动作学习了。这样的安排，不仅提高了学生的学习积极性，而且学习效果更佳了。

（二）小场地足球比赛

1. 场地使用方法上的创新

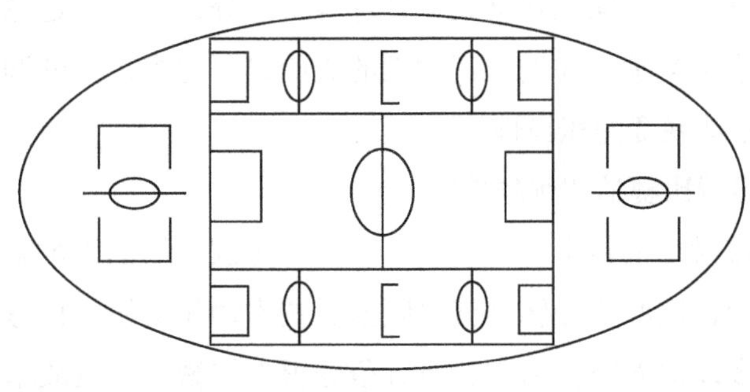

图8-2-2

学校的足球联赛，由于受到场地的限制，每天下午就只能举行一场比赛。一学期下来，一轮比赛都难以完成，直接影响学生参与比赛的热情。经过学校全体体育老师的集思广益，将足球场外的跑道及边角区域划分出6个小场地，见图8-2-2，添置了一些小足球门，就形成了“小足球场”。

这6个小场地，可安排进行4人制的足球比赛，这样一个下午就可以进行7场比赛，推进了联赛赛程，提高了学生的参与度和参与比赛的积极性。这种4人制的足球比赛方式，在平时的足球教学中也得到广泛使用。

2. 比赛方法的创新

（1）中间“大场地”比赛

举行“男女联队赛”。每个班级出4个男生4个女生（守门员为女生），比赛分上、下半场，上、下半场的运动员不能相同，每半场比赛时间为15分钟，中场休息5分钟，比赛采用年级淘汰制。

（2）周边6个“小场地”比赛

举行4人制足球赛。每个班出3个队员，2个男生1个女生。比赛分3场，第1场男生，第2场女生，第3场男生，每场比赛时间为10分钟，中间休息1分钟，采用年级循环制。

3. 比赛编排和记分的创新

（1）“大场地”比赛和“小场地”比赛参赛人员分别是不同年级。每天下午的比赛可以安排7个班进行，其他班级就进行“阳光四点半”的其他活动。不同年级在一起比赛，可以互相学习，取长补短，为教练员选材提供了较好的条件，也使得整个校园足球氛围浓厚。

（2）“大场地”比赛，胜方记3分，负方记2分；“小场地”比赛，胜方记

2分，负方计1分。一学期比赛结束，计算各班总分，评出“足球冠军班”“足球亚军班”，给予奖励，并纳入每学期的文明班评比中，充分调动了学生和班主任老师参与足球联赛的积极性。

4. 小场地足球比赛的“优越性”

（1）人均接触球的机会多。场地小，安排每次上场的人数就少。由于场地小和学生人数少，比赛攻守转换就更频繁、技术动作更快、传球次数更多。而且长传球少，多以地面短传为主，双方争夺得更加激烈，技战术更灵活，所以脚尖踢球、脚底停球、快速的短传和低传配合及个人运球技术运用得较多，对提高学生的实战能力大有好处。在一场10分钟的比赛中，每个学生平均控制球的时间为l—2分钟，因此场上的人数虽然少了，但是每个学生的接触球的机会多了，时间也加长了。

（2）比赛射门机会多，比分高，趣味性强。场地小，射门区域就相对较大，射门次数就更多，因此，不仅有良好的观赏性，又有利于培养学生的进攻和射门能力；比分会增高，比赛趣味性更强。

（3）比赛规则简化，易于组织操作。4人制足球比赛，没有越位限制，不允许铲球，也不允许任何形式的冲撞，对个人技术要求较高，在很大程度上减少了运动损伤的发生，而且比赛易于组织操作。

（4）有利于学生足球意识的培养。由于场地小，队员的密度大，在比赛中就少了盘带多了传球，但小场地传球又易被断球，因而对传球等足球技术的提高是很有帮助的。同时对提高学生快速反应能力也有很大的帮助，从而提高学生的足球意识。

三、研究结论

（一）小场地足球教学、比赛的特点

场地器材简易，便于普及开展。

（1）不易受场地、气候等因素的制约。小场地足球教学只需一个篮球场面积的地方即可制订相应的教学计划和内容，能保证教学内容顺利完成；就只需一个篮球场面积，就可以组织小场地比赛。其场地小，可多分几个场地，这样参加的学生数也多，每个学生练习次数与时间都可以得到保证。

（2）有利于教师的指导和管理。小场地足球比赛，双方队员及本队队员之

间的相互距离较近，每个队攻守转换次数多、频率快，教师看得仔细清楚，就能及时调整技战术，增加比赛的观赏性；小场地足球教学，教师可以全方位地看到学生对上课任务的掌握情况，可以随时调整学习内容和及时纠正学生的错误动作，以提高教学效果。

（二）小场地足球教学、比赛的作用

1. 能给学生以巨大的空间压力

小场地足球教学与比赛可通过场地限制学生的控球空间，使学生的技术和战术配合在四周都有限制的条件下进行，加上防守队员的干扰，大大增加了学生的技术和战术运用难度，能大大提高学生在小空间合理的控制球的能力。在小场地中练习控球技术和几人间的相互支援跑位、传接能力，比在标准场地中对学生的实战应用技术、战术能力提出了更高的要求。

2. 能促进学生对技术动作进行“精雕细琢”

在小场地足球教学与比赛时，由于场地对学生空间的限制，使得练习时攻守双方队员间的距离较近，控球空间小，随时都有可能受到防守队员的干扰和抢截。面对这种情况，要求控球队员的每次行动都要准确、合理并留出避开对方做出异常凶猛抢截动作的“保险空间”，做到对技术动作精益求精，并且做好被对手连续防守的准备，要加强技术动作的熟练性和连贯性，对技术的完成质量要求更苛刻。

3. 增强学生战术配合意识

由于小场地空间小，个人突破和配合难度较大，要习惯跑位、造空档、利用球来调动对手，而对接应队员的接应时间、角度、距离、位置及接应时身体方向也有相应的细化要求。所以小场地对运动员的个人战术行动和局部配合意识与能力的培养都有很大的好处。

4. 有利于学生掌握比赛的关键因素

小场地的比赛和练习控制了参与练习的人数，可以固定攻守套路。特别是1对1、2对1、2对2、3对3等基础战术的练习，使学生能熟练应对各种比赛场面。最后学生对一些突发的场面也能从容地化解，将一个个平时训练的战术配合成功地在比赛中运用。

（三）促进校园足球运动

（1）小场地足球教学充分地提高足球场的使用效率，很好地解决了当前学

校足球场地不足的难题，并受到学生的认可和大力支持。

（2）小场地足球教学促进“校园足球”和“阳光四点半”活动的开展，让足球教学得以顺利开展，提高了学生的技战术水平，让学校的足球联赛顺利开展，为学校足球的发展奠定了一定的基础。且进一步提高学生自我组织体育活动的能力，真正使学生每天一小时的体育锻炼得到落实，对培养学生主动参加体育锻炼的意识，奠基学生终身体育的理念都具积极的意义。

第九章

基地建设总体效果

第一节　基地建设效果总结

本章是初中体育与健康教研基地建设的总体效果篇，从四个层面对总体效果展开研究，分别是学校层面、教师层面、学生层面和引领示范作用。学校层面分别对校园文化建设、体育制度管理、领导对体育的重视程度、场地器材、学校获得的荣誉进行调查。教师层面分别对体育教师专业素养、大课间组织和开发能力、课余体育训练能力、体育课外作业设计能力、行政管理能力进行调查。学生层面分别对学生体质健康水平、义务教育质量监测、学生参加省运会竞赛成绩进行调查。引领示范作用分别对教学、教研的影响力进行研究，比如基地成员送教下乡、创建名师工作室和教研基地研修等。

一、学校层面

韶关市初中体育与健康教研基地设立了9所基地实验学校，分别是仁化县实验学校、南雄市实验中学、翁源县龙仙中学、新丰县第三中学、乐昌市第三中学、曲江区初级中学、广东韶关实验中学、韶关市第十三中学、韶关市第十四中学。学校层面将对这9所学校的校园文化建设、体育制度管理、领导对体育的重视程度、场地器材、获得荣誉进行研究。

（一）校园文化建设体育氛围浓厚

校园是学生学习和生活的主要空间。校园文化建设的好坏，直接影响到育人的成败。校园体育文化是校园文化的重要组成部分，它能够培养学生的勇敢、顽强、机智、灵活、果敢和百折不挠的意志与精神。校园体育文化的建设情况，直接影响到学校体育活动的开展情况，与学生的身心健康有很大的关系。良好的校园体育文化环境可以陶冶学生的情操，纠正学生的不良行为，是学生身心发展的必要条件。

自从韶关市初中体育与健康教研基地设立以来，9所实验基地学校校园文化建设发生了很大的变化。各个学校在运动场标语、运动展板、体育荣誉成果展、运动榜样励志展和校园体育文化灯牌（柱）等方面下了功夫，校园里到处可见体育文化元素，生机勃勃，激励人心。见表9–1–1。

校园体育文化建设统计表（n=9）。

表9–1–1

基地学校	有	比例（%）	无	比例（%）
运动场标语	9	100.00	0	0.00
运动展板	8	88.89	1	11.11
体育荣誉成果展	9	100.00	0	0.00
运动榜样励志展	9	100.00	0	0.00
校园体育文化灯牌（柱）	7	77.78	2	22.22

广东韶关实验中学的校园文化建设。

图9–1–1

运动展板（一样的青春，别样的风采）。

图9-1-2

体育运动健儿榜样励志展板。

图9-1-3

体育素质龙虎榜。

图9–1–4

校园体育文化灯牌。

图9–1–5

（二）体育制度管理

俗话说得好，无规矩不成方圆。学校体育管理也是如此，需要制度来约束体育教师的行为，需要条例来管理场地器材。韶关市初中体育与健康教研基地有效地加强了学校体育制度管理，经调查得知，9所实验基地学校制度管理全面，包括学校体育工作管理制度、体育器材室管理制度、体育器材室管理员岗位职责、器材室值日安排表、篮球场馆管理条例和田径场管理条例。

体育制度管理统计表（n=9）。

表9–1–2

体育制度管理	有	比例（%）	无	比例（%）
体育工作管理制度	9	100.00	0	0.00
体育器材室管理制度	9	100.00	0	0.00
体育器材室管理员岗位职责	9	100.00	0	0.00
篮球场管理条例	8	88.89	1	11.11
田径场管理条例	7	88.89	1	11.11

广东韶关实验中学器材室值日表。

表9–1–3

单周值日

周一	周二	周三	周四	周五
邝筱炜	邓文浩	肖春花	代梦婷	陈卡夫
谢明浪		彭慧平	肖霖	

表9–1–4

双周值日

周一	周二	周三	周四	周五
钟鸣	张峻韶	黄智勇	沈勇	李宜海
郑俊达		张程		陈凤玲

当天值日的教师要打扫好器材室的卫生，第二天值日的教师监督前一天的教师值日，每天下班前交接器材室钥匙，下班前当天值日教师要检查好器材室的门是否锁好，器材是否摆放整齐，灯和风扇是否关闭，整理好器材室。

器材借用要求：

（1）必须在体育活动锻炼课使用，由体育锻炼课负责的教师借取。

（2）每班只能由2—3人负责领取活动器材，否则不予以分发。

（3）器材室管理员必须在职在责地负责好相关记录工作。

（4）在体育锻炼课下课后，所有的体育器材必须收归器材室，由体育器材室管理员和体育教师负责清点和整理。

（三）领导对体育的重视程度

自韶关市初中体育与健康教研基地建立以来，9所基地学校领导对体育工作的重视程度都有了很大的改变，这对学校的体育教学教研和训练等工作的开展起到了促进作用。主要体现在以下几点：

（1）学校鼓励老师带队参赛，积极建立校队，由副校长做领队，学生教练双向选择进行训练；

（2）学校为展示校队获奖情况建立了一面荣誉墙，把在各级比赛获得的奖牌、奖杯、牌匾放在荣誉墙上进行展示；

（3）学校建立了一面体育主题活动墙，对在校内组织的大型体育活动如足球、篮球、跳绳、校运会等比赛进行展示，形成了一面体育主题活动墙；

（4）每天的大课间跑操中年级的中层领导、高级校长都会到田径场进行组织、巡视。

（四）场地器材

韶关市多数学校的基础体育设施不完善，有些学校的基础体育设施较为齐全但老旧或损坏严重，存在安全隐患；有些学校甚至完全没有配齐配足基础体育设施。这不仅影响到学生的课堂学习效率和参与体育活动的动力，还会影响教师积极开展体育教学，最终导致体育教学效果差强人意，学生的体质健康难以得到提高。

自韶关市初中体育与健康教研基地建设以来，9所基地实验学校场地器材有了明显的改善。有部分学校还创造了特色训练场地，比如仁化县实验学校的足球墙——九宫格，增加了学生练习兴趣，提高了足球运动水平。改善学校体育设施设备的建设，保障学校体育教学活动的正常开展，加强学校体育场馆、体育教学专业教室、器材配备等的建设，以此带动学校体育的各项教学条件的改善，有利于全面提高学生体质健康和体育教学效果。

体育场地器材改善情况统计表（n=9）。

表9-1-5

选项	小计	比例（%）
改善很大	4	44.44
有些改善	5	55.56
没有变化	0	0.00

表9-1-5数据显示的是在2020—20222年9所体育基地学校体育场地和器材的改善情况，有4所学校在成为体育基地学校期间，体育场地和器材有很大的改善，有5所学校的体育场地和器材有些改善。由表中数据可以得出，体育场地和器材改善很大的学校占总比例的44.44%，有些改善的学校占总比例的55.56%。这些数据说明各校越来越重视体育教学，通过积极开展体育课程教学来达到培养学生运动能力、健康行为和体育品德等方面的素质。

佐证图：

体育器材室。

图9-1-6

室外运动场足球九宫格。

图9-1-7

室外运动场云梯攀爬。

图9–1–8

（五）获得荣誉

学校获得的荣誉既是门面工程，也从侧面反映了学校体育工作的成效。根据相关调查得知，自韶关市初中体育与健康教研基地成立以来，9所实验基地学校的荣誉非常突出，2020—2023年获得国家级荣誉共4项，如全国青少年足球特色学校等；获得广东省级荣誉共19项；获得韶关市级荣誉共50项；获得县、区级荣誉的共87项。详情见表9–1–6。

2020—2023年获得荣誉统计表（n=9）。

表9–1–6

选项	国家级（项）	广东省级（项）	韶关市级（项）	县、区级（项）
广东韶关实验中学	1	4	9	5
韶关市第十三中学	0	1	6	8
韶关市第十四中学	0	1	5	9
仁化县实验学校	1	3	7	11
南雄市实验中学	0	1	4	13
翁源县龙仙中学	0	1	3	9
新丰县第三中学	0	0	3	10
曲江区初级中学	1	5	8	13
乐昌市第三中学	1	3	5	9
合计	4	19	50	87

图9-1-9

先进教研组。

表9-1-7

2020年10月，韶关市教育局授予广东韶关实验中学（初中体育科组）先进教研组称号	
2020年12月，韶关市第四届中小学大课间体育活动评比（初中组）——一等奖	
2021年12月，韶关市第五届中小学体育教师基本功大赛（初中团体总分）——第一名	

续 表

2021年12月，韶关市第十二届中小学生运动会 代表团团体总分——二等奖	
2022年8月，获得广东省第十三届 中学生运动会优秀组织单位称号	

二、教师层面

教师层面将对9所基地实验学校的体育教师大课间组织和开发能力、课余体育训练能力、体育课外作业设计能力、行政管理能力进行研究。

（一）教师专业素养

体育教师的专业素养从以下获奖情况可以体现，分别是体育教师基本功比赛、体育教师教学比赛、科研成果申报奖、各级别的课题、论文等。根据调查结果得知9所实验基地学校的老师参加基本功比赛获奖的有26人；参加教学比赛获奖的有7人；参加课题、参加论文研究获奖的有83人，其他获奖的有20人。说明老师们参加基本功比赛和体育科研还是非常积极的。

2020—2023年教师获奖统计表（n=9）。

表9-1-8

选项	基本功比赛（人次）	教学比赛（人次）	课题、论文（人次）	其他（人次）
广东韶关实验中学	7	1	5	5
韶关市第十三中学	3	1	8	1
韶关市第十四中学	2	0	9	2
仁化县实验学校	1	1	10	2
南雄市实验中学	2	2	13	3
翁源县龙仙中学	1	1	9	1
新丰县第三中学	1	0	9	1
曲江区初级中学	5	1	12	4
乐昌市第三中学	4	0	8	1
合计	26	7	83	20

广东韶关实验中学体育教师基本功比赛。

本校老师参加韶关市第四届中小学生体育教师教学技能大赛暨韶关市第二十三届中小学“英东杯”体育教师技能大赛团体二等奖。

图9-1-10

附1：广东韶关实验中学教师获奖情况

2022年6月，肖春花在省第13届中学生运动会测试赛裁判工作中被评为优秀裁判员。

2022年6月，黄智勇带队参加韶关市第二十七届中小学生“英东杯”田径竞赛被评为优秀教练员。

陈卡夫在韶关市青少年校园足球暨第十一届中小学（幼儿园）体育与健康教学展示活动中荣获一等奖。

钟鸣在韶关市青少年校园足球暨第十一届中小学（幼儿园）体育与健康教学展示活动中荣获优秀指导教师称号。

陈凤玲荣获2022年度“第二届腾讯未来运动场线上跳绳大赛—韶关站”优秀指导老师称号。

谢明浪荣获2022年度“第二届腾讯未来运动场线上跳绳大赛—韶关站”优秀指导老师称号。

郑俊达荣获2022年度“第二届腾讯未来运动场线上跳绳大赛—韶关站”优秀指导老师称号。

代梦婷在2022年全国青少年啦啦操精英赛上被评为优秀教练员。

李宜海在2022年韶关市第二十七届英东杯武术竞赛上被评为优秀教练员。

附2：仁化县实验学校教师教学教研获奖情况

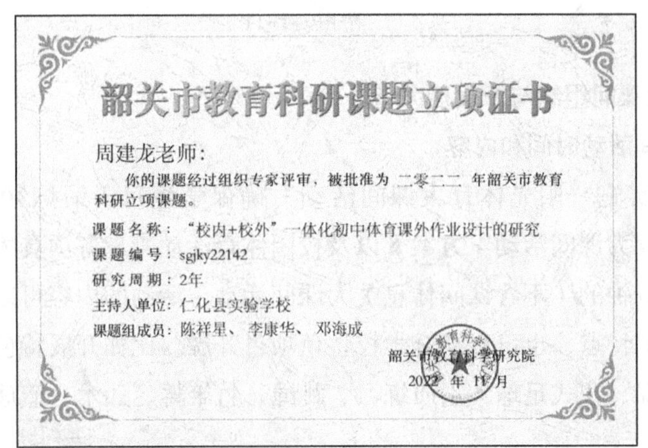

韶关市教育科研课题立项证书

周建龙老师：

你的课题经过组织专家评审，被批准为 二零二二 年韶关市教育科研立项课题。

课题名称：“校内+校外”一体化初中体育课外作业设计的研究

课题编号：sgjky22142

研究周期：2年

主持人单位：仁化县实验学校

课题组成员：陈祥星、李康华、邓海成

韶关市教育科学研究院

2022 年 11 月

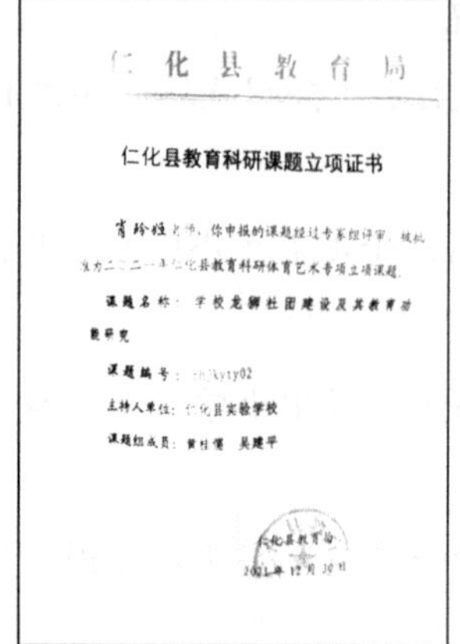

仁化县教育局

仁化县教育科研课题立项证书

肖玲娃老师，你申报的课题经过专家组评审，被批准为二〇二一年仁化县教育科研体育艺术专项立项课题。

课题名称：学校龙狮社团建设及其教育功能研究

课题编号：rhjkyty02

主持人单位：仁化县实验学校

课题组成员：黄柱儒　吴建平

仁化县教育局

2021年12月30日

仁化县教育局

仁化县教育科研课题立项证书

陈立芳老师，你申报的课题经过专家组评审，被批准为二〇二二年度仁化县教育科研立项课题。

课题名称：小学低段年级体育教学课堂调控有效性策略研究

课题编号：rhjyky2215

主持人单位：仁化县实验学校

仁化县教育局

2022年11月28日

荣誉证书

HONORARY CREDENTIAL

陈祥星老师：

撰写的论文《制约武术套路课程开展因素与发展对策研究—以韶关市中学为例》，参加韶关市第五届中小学体育教师基本功大赛论文评比，荣获＿二＿等奖。

特发此证，以资鼓励！

韶关市教育局

2021年12月26日

附图9-1-11

（二）大课间组织与开发能力

1. 大课间活动时间和内容

学校为实施“阳光体育大课间活动”确保学生每天锻炼30分钟，制定《“阳光体育大课间活动”方案》以及校园体育活动管理各项具体措施，每天统一安排30分钟的（不含课间休息）大课间活动，活动的内容可以根据学校的特点，学生的特点，也可以结合学校特色项目开展。比如开展特色跑操、广播体操、健美操、花式足球、素质练习、跳绳、竹竿舞、武术、篮球、排球等体育项目。

2. 活动目标

（1）通过大课间体育活动，促进学生健康成长，使学生形成健康意识和终身体育观，确保“每天锻炼一小时，健康快乐一辈子”思想落到实处。

（2）在大课间体育活动中，让学生有选择地参与、学习、享受体育，激发学生的运动兴趣和学习积极性。

（3）通过大课间体育活动，促进师生间、同学间的和谐关系，提高学生的合作、竞争意识和社交能力。

（4）通过大课间体育活动，丰富校园文化生活，营造积极向上的学风。

（三）带学生比赛情况

韶关市初中体育与健康教研基地成立以来，对韶关市教学和训练队组建都起了引领和促进作用，特别是9所实验基地学校，运动队训练井然有序，比赛成绩斐然。其中有足球、田径、游泳、健美操、武术等比赛。通过调查得知，2020—2023年带学生比赛获得国家级奖项的共6项；获得广东省级荣誉的共43项；获得韶关市级荣誉的共51项；获得县、区级荣誉的共107项。

2020—2023年带学生比赛获奖统计表（n=9）。

表9-1-9

选项	国家级（项）	广东省级（项）	韶关市级（项）	县、区级（项）
广东韶关实验中学	2	11	9	15
韶关市第十三中学	0	1	6	8
韶关市第十四中学	0	1	5	9
仁化县实验学校	0	3	7	11
南雄市实验中学	0	1	4	13
翁源县龙仙中学	0	1	3	9
新丰县第三中学	0	1	3	10
曲江区初级中学	4	21	8	23
乐昌市第三中学	0	3	6	9
合计	6	43	51	107

附：广东韶关实验中学带学生比赛情况

2022年参加韶关市第二十七届中小学生“英东杯”健美操啦啦操竞赛第二名。

2022年韶关市市直学校乒乓球联赛团体总分第二名。

2022年中小学生乒乓球锦标赛团体总分第四名。

2022年韶关市市直学校篮球联赛第一名。

2023年韶关市中小学“英东杯”排球竞赛团体总分第五名。

2022年全国青少年啦啦操精英赛公开少年甲组—花球校园（大课间）啦啦操自选动作第一名。

2022年韶关市武术锦标赛团体总分第六名。

韶关市中学生运动会田径比赛团体总分第七名。

2022年韶关市“英东杯”初中男子篮球第七名。

2023年韶关市“英东杯”初中男子篮球第二名。

2022年韶关市“英东杯”初中男子足球第三名。

2022年韶关市“英东杯”初中女子足球第四名。

2023年韶关市“英东杯”初中男子足球第二名。

2023年韶关市“英东杯”初中女子足球第三名。

2022年广东省韶关市首届游泳公开赛初中组男子、初中组女子接力第一名。

2022年韶关市“英东杯”初中跳绳比赛团体第三名。

附图9-1-12

（四）课外体育作业设计能力

体育课外作业是体育课堂教学延伸，既可以巩固学生课堂所学的技术和知识，又可以锻炼学生身体，促进学生健康。体育课外作业由体育老师在钉钉发布运动打卡，家长或学生每天拍摄上传视频或图片进行运动打卡。如果有身体原因不能进行练习的同学，由家长向老师请假。整体练习下来，80%的学生能有效地完成训练，20%的学生能缓慢跟上训练。9所实验基地学校都严格要求体育课外作业设计、实施和评价，也取得了一定的成效。

学生体育课外锻炼手册作业展示。

图9-1-13

（五）行政管理能力

韶关市初中体育与健康教研基地在教师发展方面起到了重要的作用，特别是教师的行政管理能力提升比较显著。自从基地建立以来，基地成员和基地学校的体育教师都在各个学校担任副校长、主任等职务，行政管理能力突出。具体如下：

（1）基地成员曾艳平担任韶关市第十四中学副校长，负责学校教学方面的管理工作；

（2）基地成员马敬华担任韶州中学学工处副主任，负责学校初中部学生管理工作；

（3）基地成员袁盛担任金福园副校长，负责学校德育、学生体质健康和体育训练比赛等方面的工作；

（4）基地成员李志云挂职翁源县龙仙第四小学副校长，负责学校学生体质健康和体育训练比赛等方面的工作；

（5）广东韶关实验中学体育教师肖霖担任广东韶关实验中学德育处副主任一职，负责学校德育方面的工作，特别是宿舍管理；

（6）基地成员曾艳平、邓葵次担任韶关市初中体育与健康兼职教研员；谢国剑担任韶关市小学体育与健康兼职教研员。

三、学生层面

教师层面将对9所基地实验学校的国家体质健康标准测试（学生体质健康水平）、义务教育质量监测、学生参加省运会的竞赛成绩进行研究。通过调查得知，9所实验基地学校的国家体质健康标准测试和义务教育质量监测都逐年上升，均达到国家要求。以下将对比较有代表性的韵关市第十四中学的调查数据和取得成绩进行展示。

韶关市第十四中学：

（1）学生体质健康水平。

在近三年体质检测中，学生体质情况逐年上升；

2020年学校优良率40%，及格率89.7%；

2021年学校优良率43.6%，及格率91.7%；

2022年学校优良率45%，及格率89.5%；

（2）义务教育质量监测。（分析三年的：2020年、2021年、2022年）

未收集到近三年的义务教育质量监测数据。

（3）学生参加省运会的竞赛成绩。

TJ-2020-0407

GDS SAF

证　书

赛事名称：2020年广东省中学生田径锦标赛
组别/项目：男子乙组标枪决赛
姓　　名：刘洁
名次/成绩：第四名　29.79
单　　位：韶关市第十四中学

广东省学生体育艺术联合会　广东省青少年训练竞赛中心
2020.09.25—27
广州市玉岩中学

TJ-2020-0600

GDS SAF

证　书

赛事名称：2020年广东省中学生田径锦标赛
组别/项目：女子乙组三级跳远
姓　　名：[illegible]
名次/成绩：第七名　10.14
单　　位：韶关市第十四中学

广东省学生体育艺术联合会　广东省青少年训练竞赛中心
2020.09.25—27
广州市玉岩中学

TJ-2020-0046

GDS SAF

证　书

赛事名称：2020年广东省中学生田径锦标赛
组别/项目：女子乙组标枪决赛
姓　　名：罗美迟
名次/成绩：第五名　22.16
单　　位：韶关市第十四中学

广东省学生体育艺术联合会　广东省青少年训练竞赛中心
2020.09.25—27
广州市玉岩中学

TJ-2020-0409

GDS SAF

证　书

赛事名称：2020年广东省中学生田径锦标赛
组别/项目：男子乙组标枪决赛
姓　　名：潘宇杰
名次/成绩：第六名　29.55
单　　位：韶关市第十四中学

广东省学生体育艺术联合会　广东省青少年训练竞赛中心
2020.09.25—27
广州市玉岩中学

TJ-2020-0160

GDS SAF

证　书

赛事名称：2020年广东省中学生田径锦标赛
组别/项目：男子乙组铅球决赛
姓　　名：刘洁
名次/成绩：第二名　12.45
单　　位：韶关市第十四中学

广东省学生体育艺术联合会　广东省青少年训练竞赛中心
2020.09.25—27
广州市玉岩中学

TJ-2020-0273

GDS SAF

证　书

赛事名称：2020年广东省中学生田径锦标赛
组别/项目：女子乙组铅球决赛
姓　　名：凌乐儿
名次/成绩：第四名　7.57
单　　位：韶关市第十四中学

广东省学生体育艺术联合会　广东省青少年训练竞赛中心
2020.09.25—27

图9-1-14

第二节　基地建设效果展示

袁盛老师送教下乡（送教到乐城第一小学）

广东省韶关市教育局

关于开展广东省基础教育教研基地项目初中体育与健康教研基地送教下基层活动暨韶关市中小学体育与健康教学观摩活动（乐昌站）的通知

乐昌市教师发展中心：

为提高我市中小学体育与健康学科教师教育教学水平，提升体育课教学质量，促进体育教师相互交流学习。根据韶关市教育科学研究院《关于安排2022－2023学年度第二学期全市中小学教研活动的通知》计划，定于2023年3月29日在乐昌市乐城第一小学开展小学体育与健康教学观摩课，现将有关事宜通知如下：

一、活动时间

2023年3月29日，8：50时前签到完毕。

二、活动地点

乐昌市乐城一小。

三、活动内容

时间	上课老师	内容	地点	负责人
9：00-9：40	谢美林	水平二《足球脚背运球》	运动场	陈运锦
9:50-10:30	朱[illegible]	水平二《障碍跑》	运动场	陈运锦
10:40-11:20	袁盛	水平二《花样跳绳》	篮球馆	陈运锦
14:30-15:10	陈[illegible]美	水平三《花样跳绳-绕8字跳绳》	篮球馆	陈运锦
15:20-16:00	陈如[illegible]	水平二《韵律操》	篮球馆	陈运锦
16:10-16:50	邓超	水平二《"庆丰收"-跑与游戏》	运动场	陈运锦

四、参加人员

（一）乐昌市全体小学体育与健康教师参加。

（二）广东省基础教育教研基地项目初中体育与健康教研基地成员。

五、其他事宜

（一）请乐昌市教师发展中心、乐昌市乐城第一小学做好会务工作；

（二）参与人员的差旅费回单位报销。

韶关市教育学会体育卫生专业委员会

20[illegible]年3月2[illegible]日

（联系人：黄春神，6919630，余卫平，13927839028。）

图9-2-1

图9-2-2

韶关市武江区中小学体育与健康学科教学设计

一、学习目标

发展学生创意跳绳的能力（水平二）。

二、授课地点

乐昌市乐城一小。

三、任课班级

四年级（5）班。

四、任课教师

袁盛。

五、职称

小学体育高级教师。

六、指导团队

广东省基础教育教研基地项目初中体育与健康教研（韶关）基地；
武江区邓云霞名师工作室。

七、上课日期

2023年3月29日。

八、跳绳单元教学计划

表9–2–1

跳绳 单元（模块）教学计划（水平二，四年级）

任课教师：袁盛 所在学校：武江区金福园小学

指导思想	坚持以“健康第一”为指导思想，激发学生运动兴趣，提高学生运动能力，促进学生健康成长，在学习过程中通过相互合作、探究，体验跳绳的运动乐趣，发展学生协调性和灵活性，让学生了解并掌握跳绳基础技术动作，同时能把所学到的技能运用到比赛当中	
单元学习目标	1. 运动能力：学生通过跳绳的学习，熟练掌握原地并脚连续跳短绳、变速跳短绳、移动跳短绳动作，初步掌握花样跳绳一段的动作方法，乐于参与绳系列的各项游戏活动，提高灵敏、速度、耐力等身体素质。 2. 健康行为：学生了解跳绳运动对人体的锻炼作用，适应集体跳绳的学习环境，学生自我调整、自我适应的能力得到提高。 3. 体育品德：学生通过跳绳比赛，培养自尊自信、勇敢顽强、积极进取、突破自我的体育精神。在学习活动中，学生能和同伴互帮互学，共同分享跳绳的快乐，并勇于挑战	
学习内容	1. 跳绳：原地连续跳短绳、并脚变速跳绳、移动跳绳，花样跳绳一段动作，如开合跳、弓步跳、左右并脚跳、勾脚点地跳、左右轮换跳等单个动作和组合。 2. 绳系列活动：绳操、跨越鸿沟、踩绳尾、拉绳接力、快快跳起等	
课时	18课时	
教材分析	跳绳是小学体育的重要的教学内容，学生通过学习，可以提高心肺功能，锻炼下肢力量，培养节奏感、平衡能力、空间判断能力，对身体的灵敏性、协调性、柔韧性等有很好的促进作用。水平二的学生跳绳的基础不好，对跳绳的兴趣不够浓厚。本单元旨在培养学生的跳绳乐趣，初步建立花样跳绳的概念	
课的内容和课后作业		
一般体能	开合跳、高抬腿跑、碎步跑、立卧撑、仰卧起坐	
课次	学习内容	课后作业
1—2	花样跳绳一段动作1：并脚跳	1分钟并脚跳3组，直臂支撑20秒
3—4	花样跳绳一段动作2：左右侧打	1分钟并脚跳3组，左右侧打3组
5—6	花样跳绳一段动作3：双脚交换跳	1分钟双脚交换跳3组，1分钟仰卧起坐3组
7—8	花样跳绳一段动作4：开合跳	1分钟双脚开合跳3组，两头起3组
9—10	花样跳绳一段动作5：并脚左右跳	1分钟并脚左右跳3组，立卧撑3组

续 表

课次	学习内容	课后作业
11—12	花样跳绳一段动作6：弓步跳	1分钟弓步跳3组，立卧撑3组
13—14	花样跳绳一段动作7：勾脚点地跳	1分钟勾脚点地跳3组，两头起3组
15—16	花样跳绳一段动作8：间隔交叉单摇跳	1分钟间隔交叉单摇跳3组，立卧撑3组
17—18	组合练习	组合练习，立卧撑3组

九、过程

（一）指导思想

本课以“健康第一”为指导思想，注重学生身体、心理等整体健康水平的提高，激发学生的运动热情，重视对学生运动能力的培养。本课通过多种形式的跳绳方法的学习，提高学生跳绳技术，让学生体验跳绳的乐趣，发展学生跳跃、灵敏、反应、协调等能力，培养学生的体育与健康核心素养。

（二）设计思路

依据《义务教育体育与健康课程标准（2022年版）》，结合学生的身心特点，以“健康第一”为指导思想，以“学、练、赛、评”为教学主线，以运动技术与体能相长为教学主张，落实“无卡顿”教学模式，进行结构化课堂教学。

（三）教材分析

本单元共18课时，本节课是第13课时，主要学习勾脚点地跳绳动作，以提高学生学习兴趣为目标。

（四）学情分析

四年级学生活泼好动，对新鲜事物好奇但注意力不容易集中，有一定的跳绳基础，学习了花样跳绳的几个动作，为学习勾脚点地跳打下了基础。从学生具体掌握的情况出发，循序渐进，合理安排教学进度，让学生有一个适应过程。在教学指导过程中还要培养学生主动学习的能力和相互合作的精神，培养学生良好的安全意识。

（五）重点难点

重点：初步掌握勾脚点地动作要领。

难点：上下肢协调配合。

（六）教学要求

（1）本节课要让学生逐渐形成良好的规则意识与规范行为。

（2）本节课通过生动有趣、形式多样的教学内容，灵活多变的练习方法，提高跳短绳教学的趣味性，激发学生的体育学习兴趣，调动学生学习的主观能动性和积极性，提高跳短绳的效果，促进学生的身心健康发展。

（3）本节课采用游戏与比赛结合的练习形式，保证本节课的练习密度达到80%左右，平均心率达到140—160次/分钟。

（七）教法学法

教法：启发法、讲解示范法、直观法、游戏比赛法、分层法等；

学法：自主探究法、模仿学习法、合作学习法等。

（八）体育与健康课课时计划

表9–2–2

班级：四（5）　　人数：44人（男24人，女20人）

单元课次：第13次　　课授课地点：乐昌市乐城一小

<table>
<tr><td>学习目标</td><td>1. 运动能力：本节课通过学练跳绳，让大部分学生初步掌握步法勾脚点地跳、提高并脚跳、开合跳、弓步跳等花样跳绳的能力；
2. 健康行为：本节课通过学练跳绳，让学生知道跳绳对锻炼身体、增进健康的好处，传承民间传统体育文化，提高学生的身体协调性和动作节奏感；
3. 体育品德：本节课通过游戏比赛，让学生体会团结协作的重要性，在分组合作练习中培养学生积极思考敢于创新精神</td><td>场地器材</td><td>篮球场1个
跳绳50根
移动音响1台
标志碟50个</td></tr>
<tr><td>教学内容</td><td colspan="3">勾脚点地跳</td></tr>
<tr><td>重点</td><td colspan="3">初步掌握勾脚点地跳跳动作要领</td></tr>
<tr><td>难点</td><td colspan="3">上下肢协调配合</td></tr>
<tr><td>安全措施</td><td colspan="3">1. 课前认真检查场地器材，强调安全问题，提高安全意识；
2. 教学过程中把控所有学生在活动中的体征变化，保障学生的人身安全及身心健康；
3. 课前准备活动充分，课中学会保护自己，课后放松活动充分；
4. 课中反复强调保持安全距离、跳绳不能乱甩、防止打到同伴</td></tr>
</table>

续表

教学流程	课堂常规—专项热身—体验学习—分组练习—小比赛—小组讨论—体能练习—放松—小结				
顺序	时间	达成目标	学习内容	师生活动	组织方法与要求
开始部分	2分钟	培养学生集中精神认真听讲的学习习惯	课堂常规： 1. 集合整队，1′； 2. 师生问好，清点人数、安全教育，1′	1. 教师提前到场，准备好场地器材； 2. 师生问好，教师宣布本课内容，安排见习生	组织：四列横队； 要求：精神饱满、注意安全练习
准备部分	5分钟	1. 培养学生运动前做好准备活动习惯，调动学生情绪； 2. 学生充分做好准备活动防止拉伤、损伤	1. 队列练习：原地三面转法，原地踏步，1′； 2. 慢跑1圈，2′； 3. 专项热身练习《奥林匹克操》：第一节扩胸振臂1234画圆收；第二节左右压腿压腿压腿张开收；第三节点地跑步前点后点跑一跑，2′	1. 队列练习：教师口令指挥，学生进行练习； 2. 教师领做跳绳热身操	组织：如图 ◎ ○○○○○○○ ○○○○○○○ ○○○○○○○ ●●●●●●● ●●●●●●● ●●●●●●● 要求：注意力高度集中，认真跟老师模仿学习
基本部分	19分钟	1. 提高学生并脚跳、开合跳、弓步跳绳的能力； 2. 体会竞争与团队合作的重要性； 3. 培养学生的跳绳兴趣	1. 强调停绳动作，1′； 2. 检查体育作业：计数跳，1′； 3. 复习左右并脚跳、开合跳、弓步跳，4′	1. 教师巡回指导； 2. 选出优秀的学生做小组长领做并脚跳、并脚左右跳、开合跳动作练习； 3. 鼓励学生坚持完成练习	组织：散点四列横队； 要求：能安全学习，听从指挥
		1. 初步掌握勾脚点地跳动作	学一学：2′ 学习勾脚点地跳； 启发引导	1. 教师巡回指导并鼓励学生在练习中进行创新； 2. 教师讲解示范，提示学生观察动作	组织：散点四列横队

续 表

<table>
<tr><td>基本部分</td><td>19分钟</td><td>2. 培养学生创新能力</td><td>练一练：5′
1. 进行无绳和有绳的勾脚跳；
2. 结合《悯农》进行劳动教育；
3. 分组合作练习；
赛一赛：4′
花样跳绳创编展示比赛；
评一评：2′
创意之星评比</td><td>3. 教师集体指导，分组、分区域指导学生；
4. 学生小组学习，敢于自主尝试，挑战难度，超越自我。
易犯错误：
1. 勾脚点地过远，重心不稳；
2. 手脚不协调</td><td>要求：
1. 能安全学习，听从指挥；
2. 学会方法，遵守规则，自我保护</td></tr>
<tr><td>体能练习</td><td>10分钟</td><td>发展学生核心力量、协调、平衡能力</td><td>1. 核心力量练习，5′
2. 旋转练习，3′
3. 平衡练习，2′</td><td>老师启发引导；
学生分组合作练习</td><td>组织：学生分成11小团队，分块学习；
要求：注意安全，积极练习</td></tr>
<tr><td>结束部分</td><td>4分钟</td><td>放松身体，促进身心的恢复，消除疲劳</td><td>1. 拉伸放松，2′
2. 总结评价，1′
3. 布置课后作业，1′</td><td>1. 教师领做放松操，学生跟做；
2. 教师总结，师生互评；
3. 回收器材</td><td>原地散点放松后相对集中进行总结点评</td></tr>
<tr><td colspan="2">课后作业</td><td colspan="4">勾脚点地跳1分钟3组，和家长进行合作跳绳，1分钟仰卧起坐3组</td></tr>
<tr><td colspan="2">课后反思</td><td colspan="4"></td></tr>
<tr><td rowspan="3">预计运动负荷</td><td>运动密度</td><td>80%</td><td rowspan="6">预计心率曲线图

竖：脉搏
横：时间</td><td colspan="2" rowspan="6">180
160
70
50
30
10
60
40
20
0 5 10 15 20 25 30 35 40 45</td></tr>
<tr><td>练习密度</td><td>70%</td></tr>
<tr><td>平均心率</td><td>140—160次/分</td></tr>
<tr><td rowspan="3">测量运动负荷</td><td>运动密度</td><td></td></tr>
<tr><td>练习密度</td><td></td></tr>
<tr><td>平均心率</td><td></td></tr>
</table>

邓葵次老师送教下乡

——送教到翁源县龙仙中学

2023年4月21日（周五），教研基地成员邓葵次老师送教到翁源县龙仙中学。本节课以《健美操——青春修炼手册》为教学内容，首先，用跑操和兔子舞热身，激发学生学习兴趣，再复习上节课《校园健身操》的内容，检查学生课外作业练习效果。其次，教学新内容，让学生小组合作进行练习与创编，充分体现学生的主体地位，本节课通过小组比赛（展示练习成功），落实新课标“教会、勤练、常赛”的理念。最后，补偿性体能练习，使学生体能得到全面发展。翁源县180多位体育教师参加本次教研活动，上课效果良好，获得一致好评。

图9–2–3

广东省沈长春名教师工作室

一、沈长春名师工作室成立的背景

以党的十九大提出的习近平新时代中国特色社会主义思想为指导，积极落实中共中央、国务院关于全面深化新时代教师队伍建设的意见，沈长春老师联合多个有共同教育理想和教育追求的优秀教师，以项目研究为纽带，组织开展高中体育与健康教育教学研究活动，创设优秀体育教师专业化发展的培养平台，培养和造就新时代的体育骨干教师、学科带头人团队，实现优秀体育教育资源共享，促进韶关市高中体育教师队伍建设，提高体育教育教学质量。

二、团队主要成员介绍

本工作室是进行高中体育与健康教育教学研究与实践的团队，本工作室成员：工作室主持人沈长春老师，广东北江中学正高级教师、特级教师、广东省劳动模范；工作室理论导师王桂忠老师，韶关学院体育学院院长、正教授、南粤优秀教师；工作室顾问王世勋老师，中山市华侨中学、全国优秀教师，教育部国培专家、广东省特级教师；助手2人，学员11人。

三、送教活动

工作室每学期按要求安排送教活动。2021年12月16—18日，前往始兴县始兴风度中学；2022年9月29—30日，前往新丰县新丰第一中学进行了同课异构活动并进行交流座谈。

四、跟岗研修活动

2021年10月13—15日，熊焰教授、王卫国教授、韩迎春教授进行授课交流。

2021年11月12—16日，跟岗学习观摩第三届广东省中小学青年教师教学能力大赛体育与健康学科（高中组）决赛比赛。

2021年11月17—20日，跟岗研修活动，邀请了王桂忠院长和王世勋教授关于体育课堂教学和运动训方面的授课。

2022年6月21—26日，观摩广东省第五届中小学体育教师教学技能大赛活动。同时聘请了杨文轩教授、肖建忠教授、张细谦教授、胡永红教授、李涛教授，进行关于体育理论、体育教育发展、体育教师应具备的品德、体育教学、校队训练等方面的授课。

2022年8月3—7日，跟岗学习观摩广东省第十三届中学生运动会。同时，聘请了黄化礼教授、黄炜皓、张瑞轩指导，进行关于田径裁判法、田径训练、体育教学等方面的授课。

2022年12月10—25日，进行跟岗学习座谈交流活动（受疫情影响进行向上交流学习），聘请了肖建忠教授、李西鹏校长、王健教授、文柱国教授、刘军校长，进行了关于《体育与健康课程标准》贯彻实施、一级一品体育特色、基于学科核心素养下的运动队管理、一节好的体育课表现、做好职业规划等系列讲座。

五、工作室成立以来学员们取得的成绩

工作室成立以来学员们在职称评定、课题研究、论文撰写、教学比赛、带队比赛、公开课比赛和其他工作中均取得了一系列成果，可以说是硕果累累：其中3人取得了中学体育高级教师职称；8人分别主持8项市级课题，1人主持1项县级课题；6人发表省级论文10篇；3人带队参加省市级体育教师教学技能大赛获得优秀指导老师称号；1人带队参加广东省第十三届中学生运动会获男子甲组100米冠军并打破该项目运动纪录；1人带队参加广东省第十三届中学生运动会羽毛球比赛男子双打比赛获得第六名；2人带队参加广东省田径锦标赛比赛获得优秀教练员称号；1人带队参加韶关市“英东杯”排球比赛获得第一名；1人带队参加韶关市“英东杯”足球比赛获得第四名；1人带队参加韶关市市直学校篮球比赛获得第五名；1人参加的韶关市市级公开课送教下乡活动被评为优秀课例；1人参加韶关市体育教师基本功大赛荣获二等奖；3人获得省中运会优秀工作人员称号；2人获得韶关市“英东杯”比赛篮球项目、乒乓球项目优秀裁判员称号。同时，学员们在各自学校分别担任中层管理岗位有工会副主席、总务处副主任、学生工作处副主任、安全与保卫处副主任、团委副书记、办公室副主

任等职务。成绩的取得离不开学校领导的支持与厚爱，离不开沈长春名教师工作室的培养和打磨，离不开同事们的关心与帮助。我们要再接再厉、砥砺前行为学校体育工作做出自己最大的贡献。

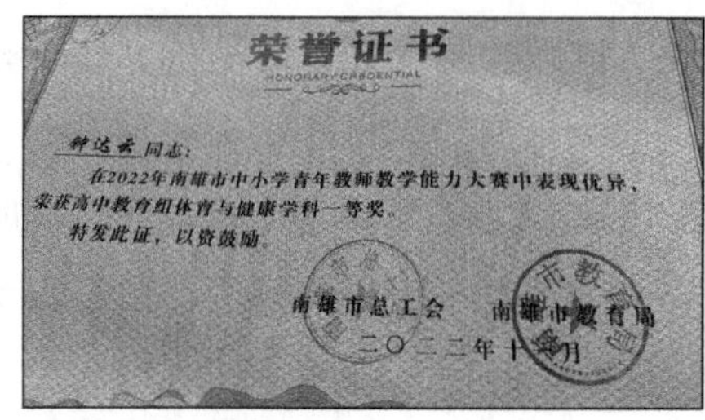
荣誉证书
HONORARY CREDENTIAL
钟达云 同志：
在2022年南雄市中小学青年教师教学能力大赛中表现优异，荣获高中教育组体育与健康学科一等奖。
特发此证，以资鼓励。
南雄市总工会　南雄市教育局
二〇二二年十月

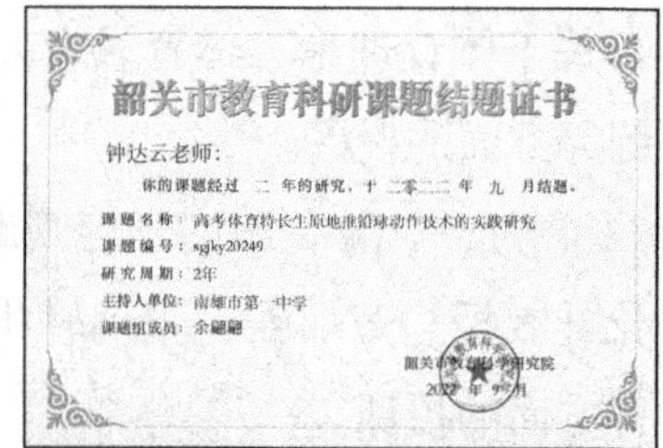
韶关市教育科研课题结题证书
钟达云老师：
你的课题经过 二 年的研究，于 二零二二 年 九 月结题。
课题名称：高考体育特长生原地推铅球动作技术的实践研究
课题编号：sgjky20249
研究周期：2年
主持人单位：南雄市第一中学
韶关市教育科学研究院
2022 年 9 月

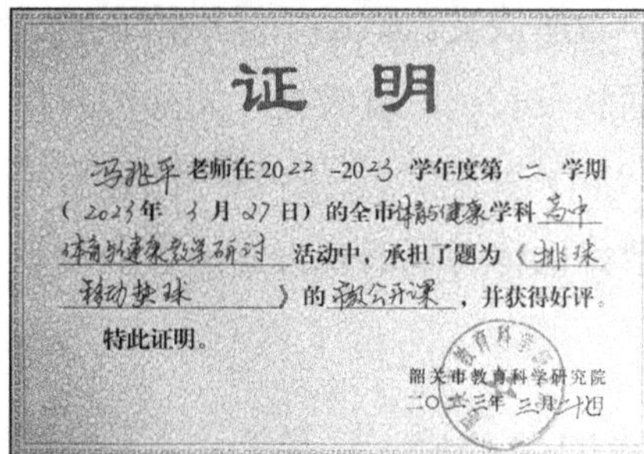
证　明
老师在2022 -2023 学年度第 二 学期（2023年 月 27 日）的全市 学科 活动中，承担了题为《排球 》的 公开课，并获得好评。
特此证明。
韶关市教育科学研究院

荣誉证书
HONORARY CREDENTIAL
程焕文 老师：
指导 袁兴平 老师参加韶关市青少年校园足球暨第十一届中小学（幼儿园）体育与健康教学展示活动，荣获 高中组 一 等奖。
特发此证，以资鼓励！
韶关市教育局
2022 年 11 月

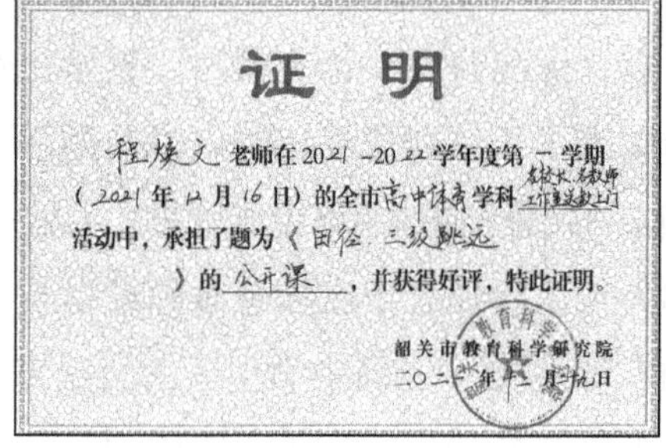
证　明
程焕文 老师在2021 -2022 学年度第 一 学期（2021 年 12 月 16 日）的全市高中体育学科 活动中，承担了题为《田径 三级跳远 》的 公开课 ，并获得好评，特此证明。
韶关市教育科学研究院

获　奖　证　书
赛事名称：2022年广东省青少年乒乓球锦标赛
组别/项目：
姓　　名：李春
名次/成绩：优秀工作人员
单　　位：

图9-2-4

曾艳平名师工作室基本情况

2020年9月，武江区教育局第一批名校长、名教师、名班主任工作室成立。韶关市第十四中学的曾艳平被选为初中体育与健康的名师工作室主持人，成员一共有7人，平均年龄31岁，工作室成员包括1位中学一级教师，6位中学二级教师。这几年，工作室为推进新课程改革、提高成员教育教学水平，开展了一些课例、讲座等培训活动，积累了一些经验，也取得了一些成绩。

一、论文发表、获奖情况

2020年10月，赖杰桥撰写的《初中体育与健康教学的分析》论文在国家级刊物《中国教师杂志》中发表；2022年12月，赖杰桥撰写的《浅谈初中体育“校园足球”的教学思路》论文在国家级刊物《民族文汇——教学与实践》中发表。

2021年12月，罗龙撰写的论文《花样跳绳在乡村学校的教学应用研究》、刘兴华撰写的论文《篮球训练对提升中学生身体素质的实践研究》、卢津撰写的论文《关于学生校外体育与节假日体育的研究》、张营彬撰写的论文《教学改革，让体育与健康课堂活起来》获韶关市第五届体育教师基本功论文评比二等奖。

2021年12月，张营彬撰写的论文《体育与健康学科教学改革的实践研究》获2021年韶关市武江区教学论文评比二等奖。

二、课题研究情况

2021年7月，罗龙主持的《农村学校关于开展花样跳绳运动的探索》校级课题顺利结题；

2021年12月，刘兴华主持的《探讨以篮球训练为载体提升中学生各项身体素质》区级课题顺利结题。

三、课例获奖情况

2020年9月，张营彬执教的课例“障碍跑”获2020—2021学年度武江区优秀课例评比二等奖；

2020年12月，刘兴华执教的课例“立定三级蛙跳”获武江区一等奖；

2020年12月，赖杰桥执教的课例“足球：脚内侧踢球”荣获韶关市初中组优秀课例评比三等奖；

2022年11月，赖杰桥执教的课例“足球：发展学生传接球能力”荣获韶关市初中组优秀课例评比二等奖。

四、教学技能比赛情况

2021年12月，武江区中小学体育教师教学技能比赛，罗龙荣获一等奖，赖杰桥荣获三等奖；

2021年12月，韶关市第三届中小学青年教师教学能力大赛，张营彬荣获初中组体育与健康学科（专业）三等奖；

2021年12月，韶关市第四届体育教师教学技能大赛，刘兴华荣获初中组一等奖；

基地学校在教科研上取得成绩。

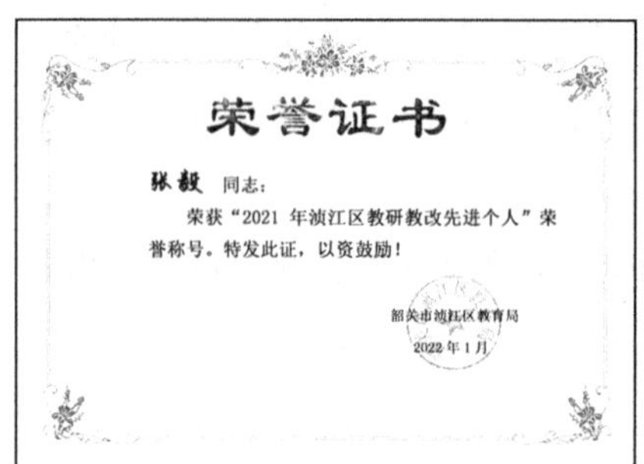
荣誉证书

张毅 同志：

荣获“2021 年浈江区教研教改先进个人”荣誉称号。特发此证，以资鼓励！

韶关市浈江区教育局

2022 年 1 月

荣誉证书

HONORARY CREDENTIAL

张毅 老师：

撰写的论文《体育后进生的转化与赏识教育》，参加韶关市第五届中小学体育教师基本功大赛论文评比，荣获 一 等奖。

特发此证，以资鼓励！

韶关市教育局

2021 年 12 月 26 日

荣誉证书

HONORARY CREDENTIAL

张毅 老师：

参加韶关市青少年校园足球暨第十一届中小学（幼儿园）体育与健康教学展示活动，荣获 初中 组 一 等奖。

特发此证，以资鼓励！

韶关市教育局

2022 年 11 月

图9-2-5

五、公开课情况（区级以上）

2021年5月，在武江区体育与健康学科教研活动中，罗龙执教的公开课“花样跳绳一级动作”、李永意教的公开课“武术—长拳”获得好评；

2021年10月，游海山在武江区体育与健康学科教研活动中，执教公开课“行进间运球上篮”获得好评；

2022年5月，在武江区体育与健康学科教研活动中，卢津执教的公开课“篮球——双手胸前传接球”、赖杰桥执教的公开课“体操——远撑前滚翻”获得好评；

2022年9月，在武江区第二互助共建组教研活动中，赖杰桥执教的公开课“足球：脚内侧踢球”受到好评；

2022年10月，刘兴华执教的区公开课“肩肘倒立”，获得好评。

六、辅导学生获奖情况

2020年10月，在武江区第六届青少年校园足球联赛（初中组）中，游海山带队参赛获初中男子组冠军，卢津指导的学生分别获得初中男子组个人技巧25米绕杆运球比赛第一名和第三名，以及初中女子组第二名；

2020年11月，卢津带队参加韶关市第二十五届中小学生“英东杯”田径竞赛，荣获初中组团体总分第三名；

2020年12月，在韶关市青少年校园足球联赛暨韶关市第二十五届中学生“英东杯”足球比赛上，游海山带队参赛获初中男子组第二名，卢津老师带队参赛荣获初中女子组第七名；

2020年12月，在韶关市第二十五届中小学生“英东杯”健美操啦啦操竞赛上，刘兴华带队参赛荣获初中组第一名；

2021年4月，在武江区第五届中小学生乒乓球竞赛上，卢津指导学生获得初中组团体总分第三名，张营彬指导学生获得城郊小学组团体总分第四名，初中组团体总分第二名；

2021年5月，在韶关市第二十六届中小学生“英东杯”健美操啦啦操竞赛上，刘兴华带队荣获初中组第一名；

2021年5月，在韶关市二十六届中小学“英东杯”武术竞赛上，李永意带队参赛荣获初中组团体总分第一名；

2021年5月，在韶关市第十二届中小学生运动会暨韶关市第二十六届中小学生“英东杯”乒乓球竞赛上，张营彬带队参赛荣获初中组团体总分第五名；

2021年7月，在韶关市第二十六届中小学生“英东杯”田径竞赛上，卢津带队荣获初中组团体总分第五名；

2021年7月，在韶关市第二十六届中小学生“英东杯”排球竞赛上，赖杰桥带队荣获中学女子组第四名；

2021年11月，在韶关市第二十六届中小学生“英东杯”跳绳竞赛上，罗龙带队参赛荣获初中组团体总分第一名；

2021年11月，在广东省中小学生健美操锦标赛上，刘兴华带队参赛荣获中学乙组有氧踏板第三名、中学乙组有氧舞蹈第五名；

2021年12月，在韶关市第十二届中小学生运动会暨韶关市第二十六届中小学生“英东杯”足球竞赛上，游海山带队参赛获初中男子组第五名；

2021年12月，在武江区第一届中小学生跳绳竞赛上，罗龙辅带队参赛获得初中组比赛团体总分一等奖；

2021年12月，在韶关市第五届大课间体育活动评比上，刘兴华辅导参赛获初中组一等奖；

2022年6月，在韶关市第二十七届中小学生“英东杯”跳绳竞赛上，罗龙带队参赛荣获初中组团体总分第一名；

2022年6月，在韶关市第二十七届中小学生“英东杯”田径竞赛上，卢津带队参赛荣获初中组团体总分第五名；

2022年6月，在武江区第六届中小学生乒乓球竞赛上，张营彬指导学生参赛获得初中男子组团体比赛第三名、初中女子组团体比赛第一名，赖杰桥带队参赛荣获初中女子组团体比赛第二名；

2022年8月，在广东省“百校联动百万同跳”第二届暑假线上跳绳挑战赛上，卢津老指导学生参赛获得全省中学组打卡挑战赛第十名，本人获得“优秀教练员”称号；

2022年11月，在韶关市中小学武术锦标赛上，李永意带队参赛获初中组团体总分第二名；

2023年1月，在广东省青少年武术套路锦标赛上，李永意带队参赛获中学乙组总分第一名；

2023年3月，在韶关市第二十七届中小学生“英东杯”排球竞赛上，赖杰桥带队参赛荣获初中女子组第二名。

七、个人荣誉

2020年11月，在韶关市第二十五届中学生“英东杯”篮球竞赛中，赖杰桥、刘兴华担任裁判工作被评为“优秀裁判员”；

2020年12月，刘兴华荣获广东省第二十届大学生篮球联赛男子甲A组“优秀裁判员”；

2021年3月，李永意老师被评为韶关市“三八红旗手”称号；

2021年7月，张营彬同志荣获韶关市武江区委教育工委优秀共产党员、“韶关市武江区优秀少先队辅导员”称号；

2021年12月，张营彬老师被评为2021年韶关市武江区“未成年人思想道德建设先进个人”；

2022年1月，罗龙、刘兴华被评为快乐运动场跳绳大赛——韶关站“优秀指导教师”；

2022年5月，李永意、张营彬同志荣获2021—2022年度“武江区优秀共青团干部”称号；

2022年6月，在广东省第十三届中学生运动会篮球邀请赛上，刘兴华、赖杰桥被评为“优秀裁判员”；

2022年8月，刘兴华被评为广东省中小学校园大课间啦啦操教练员培训“优秀学员”；

2022年11月，刘兴华荣获韶关市市直学校篮球联赛“优秀裁判员”称号。

荣誉证书

赖杰桥 同志：

您撰写的论文《浅谈初中体育"校园足球"的教学思路》，经本刊编委会专家严格审核通过，一致认为具有较高学术交流价值，已被《民族文汇·教学与实践》杂志刊用，并被评为国家级一等奖。

特颁此证，以资鼓励！

国内统一刊号：CN65-1217/I 国际标准刊号ISSN1009-8798

《民族文汇·教学与实践》

2022年12月

图9-2-6

邓云霞名师工作室基本情况

“邓云霞名师工作室”于2020年7月经武江区教育局批准，由副高级教师邓云霞牵头主持。工作室聘请了韶关学院胡永红博士、韶关市教育局体育与健康教研员黄春神、金福园小学袁盛为导师团队。7位核心成员分别是来自武江区中小学体育与健康兼职教研员白贞、田家炳小学牟凡、韶关实验学校罗方达、东岗小学张秀、红星小学李世强、田家炳沙湖绿洲小学林春华、御龙湾小学张鸿海。

工作室主要以“教学研究”为主要目标，以“课堂实践”为研究阵地，以“科研课题”为主要方向，通过课题研究、学术研讨、理论学习、名师论坛、现场指导等形式对内起到凝聚、带动作用，向外起到辐射、示范等作用，积极践行“立德树人”根本宗旨，提高教师素养，为师生健康成长搭建平台，培养更多体育与健康学科优秀教师。

近几年，工作室为推进新课程改革、提高课堂教学效率、提高师生综合素质进行了有益的探索和尝试，积累了一些经验，工作室取得了以下的成绩。

一、论文获奖

2021年12月，邓云霞的《小学篮球教学游戏化模式探讨》论文获韶关市体育教育论文评比一等奖。

2021年12月，白贞的《实施小学体育课外作业的效果分析》论文获韶关市体育教育论文评比一等奖。

2021年12月，李世强的《“双减”政策背景下课后服务与学校运动队建设的探究》论文获韶关市体育教育论文评比一等奖。

2021年12月，林春华的《关于韶关市武江区儿童对足球运动学习现状的研究》论文获韶关市体育教育论文评比二等奖。

2021年12月，牟凡的《水平二耐力跑的运动负荷与练习密度研究》论文获韶关市体育教育论文评比三等奖。

2021年12月，白贞的《打造篮球文化，发挥篮球育人功能》论文获武江区德育论文评比二等奖。

2022年3月，白贞在韶关市体育教研活动中，宣读论文。

2022年3月，邓云霞在韶关市体育教研活动中，宣读论文。

2022年7月，白贞的《小学体育与健康实施课外作业对学生体质健康影响的实验研究》获得广东省第十三届中学生运动会科学报告会一等奖，并在大会上宣读。

2022年7月，邓云霞的《游戏化教学在水平二篮球教学中的实验研究》获得广东省第十三届中学生运动会科学报告会二等奖，并在大会上交流。

二、课题研究

2021年7月，邓云霞主持的《篮球游戏化教学提高小学高年级学生运动参与性的实践探究》市级课题顺利结题。

2021年7月，袁盛主持的《应用民间传统体育游戏提高小学生体育核心素养的研究》市级课题成功结题。

2021年10月，罗方达的《健康促进行动在小学中年级应用的实验研究》市级课题申报立项。

2022年7月，白贞主持的《体育课外作业提高小学高年级学生体质健康水平的实证研究》市级课题顺利结题。

三、优秀课例、教师教学技能大赛

2020年12月，林春华执教的“足球——脚背运球”课程获韶关市第十届中小学体育与健康教学展示活动小学组一等奖。

2020年12月，牟凡执教的“障碍跑”课程获韶关市第十届中小学体育与健康教学展示活动小学组二等奖。

2021年12月，白贞、邓云霞在广东省教育“双融双创”教师教育教学信息化交流活动中，荣获微课项目二等奖。

2022年8月，袁盛、张秀在广东省第十三届中学生运动会中小学体育教师教学技能大赛中荣获一等奖。

2022年8月，牟凡在广东省第十三届中学生运动会中小学体育教师教学技能大赛中荣获二等奖。

2022年11月，林春华参加韶关市第十一届中小学体育与健康教学展示活动荣获小学组二等奖。

四、公开课

2021年4月14日，白贞在区中小学体育教研活动中做了《体育课外作业的设计与实施》讲座。

2021年6月9日，白贞到甘棠小学执教联盟体公开课“跑”。

2021年6月23日，袁盛执教市级公开课“滚铁环”、张鸿海执教市级公开课“篮球行进间运球”。

2021年9月，在广东省“三区”中小学老师全员轮训——教师培训师培训技能应用与实践项目中，白贞执教了示范课“跳与爬”、李世强执教了示范课“耐久跑”。

2021年12月，在武江区中小学体育教研活动中，李世强执教了公开课“耐力跑”。

2022年5月，白贞在武江区教育互助共建组体育与健康学科教研活动中执教了公开课“肩肘倒立”。

五、辅导教师、学生奖

2020年11月，白贞带队参加韶关市第二十五届田径竞赛荣获小学组第六名。

2020年12月，邓云霞指导林春华老师参加韶关市第十届中小学体育与健康教学展示活动荣获小学组一等奖。

2020年12月，罗方达辅导大课间体育活动参加韶关市第四届大课间体育活动评比，荣获小学组一等奖。

2021年5月，白贞带队参加“五四”青少年篮球比赛获U12组别第二名、U10组别第五名。

2021年5月，李世强指导学生参加武江区小学生篮球选拔赛荣获小学男子组第二名、女子组第一名。

2021年8月，李世强带队参加武江区第一届跳绳比赛获一等奖。

2021年10月，白贞、牟凡带队参加韶关市中小学生羽毛球比赛获“优秀教练员”称号。

2021年11月，李世强带队参加韶关市第十二届中小学生运动会跳绳比赛荣获小学组团体总分第一名。

2023年1月，李世强在“第二届腾讯未来运动场线上跳绳大赛—韶关站”比赛中被评为“优秀指导老师”。

2023年1月，白贞、邓云霞、牟凡被评为2022年广东省第二届寒假线上跳绳挑战赛“优秀教练员”。

六、个人荣誉

2020年9月，邓云霞被评为韶关市武江区“优秀教师”。

2021年6月，白贞荣获韶关市武江区教育工委“优秀共产党员”称号。

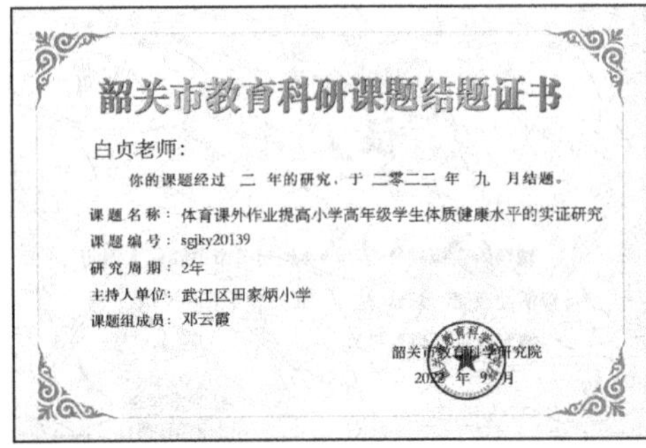

韶关市教育科研课题结题证书

白贞老师：

你的课题经过 二 年的研究，于 二零二二 年 九 月结题。

课题名称：体育课外作业提高小学高年级学生体质健康水平的实证研究
课题编号：sgjky20139
研究周期：2年
主持人单位：武江区田家炳小学
课题组成员：邓云霞

韶关市教育科学研究院
2022 年 9 月

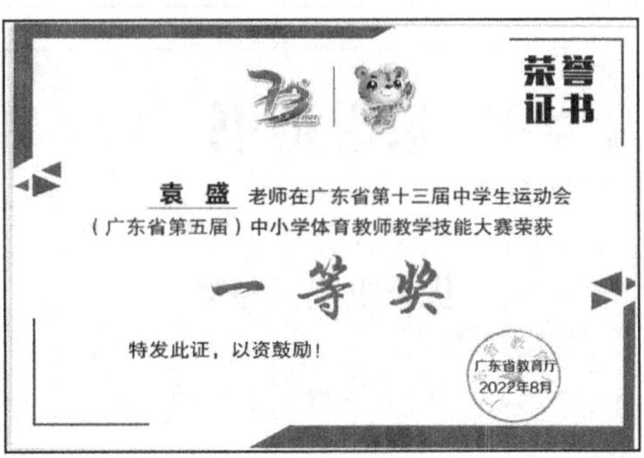

荣誉证书

袁盛 老师在广东省第十三届中学生运动会（广东省第五届）中小学体育教师教学技能大赛荣获

一等奖

特发此证，以资鼓励！

广东省教育厅
2022年8月

韶关市教育科学研究院

韶关市教育科研课题结题证书

邓云霞老师，你的课题经过二年的研究，于二〇二一年八月结题。

韶关市教育科学研究院

韶关市教育科研课题结题证书

袁盛老师，你的课题经过三年的研究，于二〇二一年八月结题。

广东省第十三届中学生运动会

获奖证书

邓云霞：

你的论文《游戏化教学在水平二篮球教学中的实验研究》获得广东省第十三届中学生运动会科学论文报告会二等奖，并在大会上交流。

特发此证，以资鼓励！

广东省第十三届中学生运动会组织委员会　广东省教育研究院

2022年7月·韶关学院

广东省第十三届中学生运动会

获奖证书

白贞：

你的论文《小学体育与健康实施课外作业对学生体质健康影响的实验研究》获得广东省第十三届中学生运动会科学论文报告会一等奖，并在大会上宣读。

特发此证，以资鼓励！

广东省第十三届中学生运动会组织委员会　广东省教育研究院

2022年7月·韶关学院

荣誉证书

HONORARY CREDENTIAL

李世强老师：

撰写的论文《"双减"政策背景下课后服务与学校运动队建设的探究》，参加韶关市第五届中小学体育教师基本功大赛论文评比，荣获 一 等奖。

特发此证，以资鼓励！

韶关市教育局

2021年12月26日

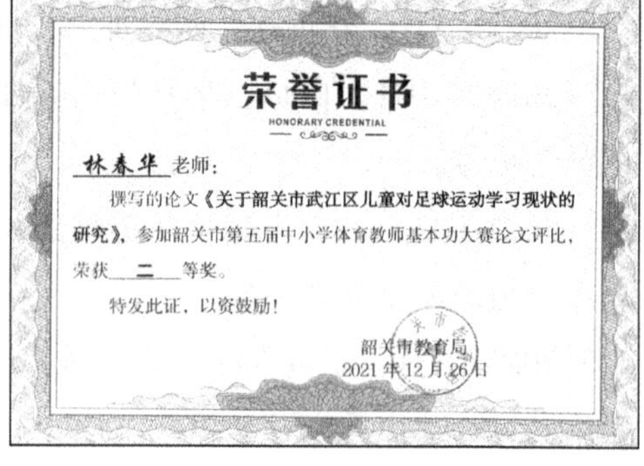
荣誉证书

HONORARY CREDENTIAL

林春华老师：

撰写的论文《关于韶关市武江区儿童对足球运动学习现状的研究》，参加韶关市第五届中小学体育教师基本功大赛论文评比，荣获 二 等奖。

特发此证，以资鼓励！

韶关市教育局

2021年12月26日

荣誉证书

HONORARY CREDENTIAL

邓云霞 同志被评为韶关市武江区优秀教师。特发此证，以资鼓励。

韶关市武江区教育局

2020年9月

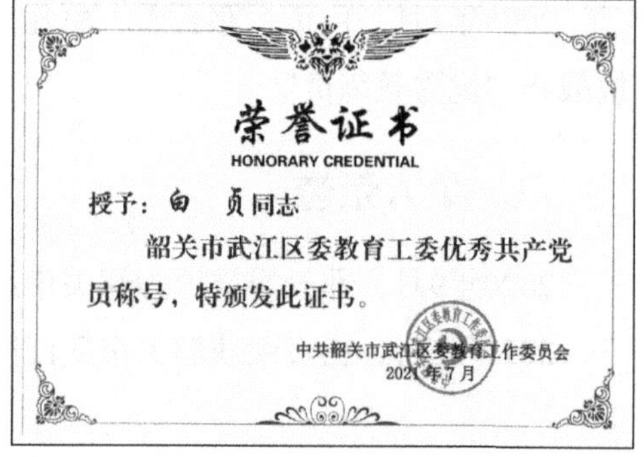
荣誉证书

HONORARY CREDENTIAL

授予：白贞同志

韶关市武江区委教育工委优秀共产党员称号，特颁发此证书。

中共韶关市武江区委教育工作委员会

2021年7月

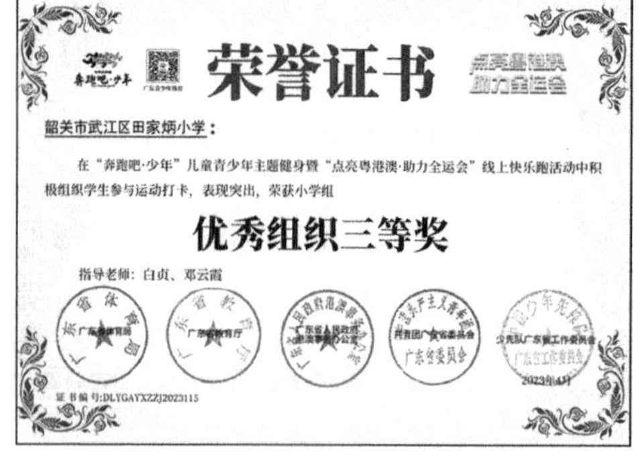
荣誉证书

点亮粤港澳 助力全运会

韶关市武江区田家炳小学：

在"奔跑吧·少年"儿童青少年主题健身暨"点亮粤港澳·助力全运会"线上快乐跑活动中积极组织学生参与运动打卡，表现突出，荣获小学组

优秀组织三等奖

指导老师：白贞、邓云霞

证书编号：DLYGAYXZZJ2023115

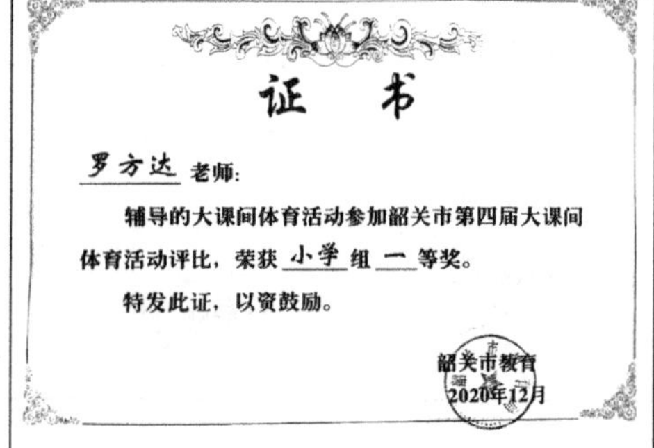
证　书

罗方达老师：

辅导的大课间体育活动参加韶关市第四届大课间体育活动评比，荣获 小学 组 一 等奖。

特发此证，以资鼓励。

韶关市教育局

2020年12月

图9-2-7

参考文献

[1] 傅湘龙. 加强教研基地项目建设　支撑基础教育高质量发展 [J]. 课程教学研究，2021 (5)：4-7.

[2] 罗滨. 学科教研基地给学校和老师带来了什么 [J]. 北京教育（普教版），2018 (6)：18-19.

[3] 王言锋. 加强教研基地建设的策略研究 [J]. 大连教育学院学报，2014，30 (2)：6-8.

[4] 袁闽湘. 广东省基础教育县（市、区）教研基地建设的方法与路径——以广州市白云区为例 [J]. 广东教育（综合），2022 (1)：41-42.

[5] 刘穿石. "名师工作室"的解读与理性反思 [J]. 江苏教育研究，2010 (30)：4-7.

[6] 李作林，姜凤敏，何玲燕. 内涵发展与外延拓展：学科教研基地的建设路径 [J]. 北京教育（普教版），2022 (8)：34-35.

[7] 葛粉芹，黄继东. 简论基层体育学科基地建设与教师的专业成长 [J]. 运动，2013 (4)：128，133.

[8] 黄炎权，陈彬. 教研员专业发展路径探索 [J]. 广东教育（综合版），2022 (3)：42-43.

[9] 牟柏林. 聚焦工作主线，探索数学学科教研基地建设 [J]. 北京教育（普教版），2022 (6)：38.

[10] 崔国明. 试论名师工作室与教研室的定位差异 [J]. 中小学教师培训，2015 (7)：68-70.

[11] 陆福根. 普通高中市域学科基地的功能定位与建设路径 [J]. 天津市教科

院学报，2014（1）：67–69.
［12］屈明. 重庆市高中体育教研基地建设的实践策略［J］. 中国学校体育，2019（6）：53–54.
［13］张程艳，李久省. 依托课题研究，建设特色教研基地［J］. 北京教育（普教版），2022（5）：46–47.
［14］孙涛. “一校一品”“一校多品”高校民族传统体育教学改革模式研究［J］. 体育风尚，2021（5）：167–169.
［15］张爱英. 多措并举推进学科教研基地建设［J］. 北京教育（普教版），2022（8）：32–33.
［16］徐艳贤，胡艳晖，王建光，等. “高峰计划”体育名师引领下的区域体育学科基地教研共同体建设探索［J］. 体育教学，2021，41（11）：68–70.
［17］刘颖. 以学科教研基地建设　实现区域教育资源共享共融［J］. 北京教育（普教版），2022（4）：34–35.
［18］张帅. 加强学科教研基地建设，探索思政学科发展长效机制［J］. 北京教育（普教版），2022（5）：44–46.
［19］张照彬. 麒麟区：35个学科教研基地力促基础教育优质均衡发展［J］. 云南教育（视界时政版），2021（12）：24–25.
［20］梁丽平. 让教师在学科教研基地中成长［J］. 北京教育（普教版），2022（6）：37.
［21］辜建平. 通用技术学科教学研究基地建设的构思——以南昌市为例［J］. 教师博览，2022（6）：29–30.
［22］杨晓阳. 小学教研基地在教师继续教育中的作用及建设路径［J］. 成人教育，2019，39（5）：87–89.
［23］郭世杰，姜忠虎. 以学科基地校建设开创教研工作新局面［J］. 牡丹江教育学院学报，2019（6）：78–80.
［24］周昊婷，李海平. 以学科教研基地推动区域教育优质均衡发展［J］. 北京教育（普教版），2022（2）：45–46.
［25］杨艳红. 在学科教研基地中开展深度教研［J］. 北京教育（普教版），2022（5）：48，65.
［26］刘沛，高金洋. 中小学体育教研员培训需求的调查分析——以教育部“国

培计划”首都体育学院培训基地为例［J］. 体育教学，2016，36（7）：41–43.

［27］孟赛男. 初中体育校本教材的开发与运用［J］. 中国科教创新导刊，2013（36）：267.

［28］陈文芳. 论体育与健康校本课程的开发与编写［J］. 中国校外教育（上旬刊），2014（9）：143.

［29］李慧琪. 中学体育校本教材开发现状及对策［D］. 重庆：重庆师范大学，2010.

［30］陆晓旦，魏昌浩，陈文辉. 关于学校体育家庭作业的理论思考［J］. 青少年体育，2018（5）：67，83.

［31］孙旭. 家庭体育作业对学生健身习惯养成的价值意义与成效［J］. 教书育人，2019（1）：64–65.

［32］郑燕燕. 共生视域下初中体育课外作业实施的优化策略［J］. 教师教育论坛，2022，35（10）：68–70.

［33］周昱忠. 小学低年级开展体育家庭作业的实践研究［J］. 当代体育科技，2020，10（33）：227–229.

［34］吴頔. 课程论指导下的企业培训课程与培训师的融合［D］. 南京：南京航空航天大学，2010.

［35］潘建芬，罗利华. 体育教师培训文化透视［J］. 首都体育学院学报，2010，22（4）：48–50，62.

［36］陶文英. 五步培训法——体育教师培训的有效模式［J］. 体育教学，2012，32（5）：56–58.

［37］程镜伊. 县管校聘下农村义务教育阶段教师走教制度研究——以山西省Q县为例［D］. 武汉：华中师范大学，2021.

［38］仲雯，孙明娟. 乡村走教师资队伍建设的困境与对策［J］. 教学与管理，2021（28）：9–12.

［39］张彬. 走向澄明：跟岗学习的内涵、意义及实施策略［J］. 教育观察，2019，8（41）：80–82.

［40］徐元治. 构建中学青年体育教师专业成长的培训模式初探——以惠州市新任体育教师跟岗学习为例［J］. 运动，2012（20）：135–137.

[41] 陈雁飞，刘海元. 阳光体育运动理论实践解读 [M]. 北京：北京体育大学出版社，2010.

[42] 刘海元，袁国英. 关于开展阳光体育运动若干问题的探讨 [J]. 体育学刊，2007 (8)：10–14.

[43] 陈雁飞，张庆新. 全国阳光体育运动初始阶段的基本状况 [J]. 首都体育学院学报，2011，23 (2)：141–145.

[44] 杨贵仁. 教育部官员解读阳光体育运动 [J]. 校长阅刊，2007 (C2)：20–22.

[45] 孙延林，刘立军，方森昌，等. 9—18岁青少年身体自我描述年龄特点的研究 [J]. 天津体育学院学报，2005 (4)：8–10.

[46] 郑伟. 现代生活环境和方式对青少年儿童身心健康发展的负面影响 [J]. 上海体育学院学报，2004 (4)：73–75，94.

[47] 汤卫东. 学校在学校体育伤害事故中的归责原则及法律责任 [J]. 体育学刊，2002 (3)：1–3.

[48] 谢玉波，梁恒. 学校体育侵权行为及类型 [J]. 西安体育学院学报，2006 (2)：120–123.

[49] 李红霞. 阳光体育运动理论研究综述 [J]. 科技资讯，2010 (32)：213，215.

[50] 张童. 武汉市中小学“阳光体育运动”的开展现状与对策研究 [D]. 武汉：华中师范大学，2013.

[51] 付志琴. 湖北省农村中小学“阳光体育运动”开展现状研究 [D]. 黄石：湖北师范大学，2016.

[52] 姚志强，陈颖瑜. 关于中学生开展阳光体育运动的雏论——以增城市为例 [J]. 甘肃科技，2009，25 (23)：197–198，175.

[53] 张洁. “阳光体育运动”背景下我国中学课外体育活动的理论与实验研究——以长三角地区主要城市为例 [D]. 上海：上海体育学院，2012.

[54] 杨宝仁，闫凤梧. 高校足球小场地教学法的利用与研究 [J]. 科教导刊，2009 (19)：129–130.

后记

自从初中体育与健康基地申报成功后，我就打算写一本书，本来没想写这么多，可是写着写着就停不下来了，越写就有越多的思路和想法。不写，这些心得体会就老是在我脑海里转来转去的。于是就这么一章一章地写了下来。

首先，感谢韶关学院体育学院胡永红教授给我的思想启迪，开拓我的研究思路，激发我的灵感，指导我写作。其次，感谢广东北江中学体育组正高级教师沈长春老师、韶州中学体育组马敬华老师、韶州中学体育组邓葵次老师、浈江区教师发展中心体育与健康教研员赖海球老师、武江区金福园小学副校长袁盛老师、曲江区教师发展中心体育与健康教研员谢国剑老师、韶关市第十四中学副校长曾艳平老师、乳源瑶族自治县高级中学体育组雷龙老师、曲江区第三小学体育组刘霄老师、韶关市第十三中学张毅老师、仁化县实验学校周建龙老师为本书提供了详尽细致的体育与健康教研资料和调查问卷。最后，感谢广东省基础教育建研基地项目初中体育与健康学科（韶关）基地全体成员，以及广东韶关实验中学、韶关市第十三中学、韶关市第十四中学、曲江区初级中学、乐昌市第三中学、南雄市实验中学、仁化县实验学校、翁源县龙仙中学、新丰县第三中学共9所基地学校的大力支持，为本书的出版付出了辛勤劳动。